その悩み、カントだったら、こう言うね。

秋元康隆

晶文社

凡例

※カントの原典は Kant, Immanuel: *Gesammelte Schriften.* Berlin 1900 ff. を使用しました。引用箇所については、慣例に従い日本語訳は明記せず、『純粋理性批判』のみ第一版（A）、第二版（B）と共に頁数を、それ以外の原典（Ak）に関しては巻数をローマ数字、頁数をアラビア数字で表記します。

※エピクテトスからの引用は訳者の國方と同様に Épictète: *Entretiens.* Livre I-IV, 1962-1965 Paris を使用しました。翻訳に原典の通し番号が付されており、それをもとに参照可能であるため、注では原典の引用箇所は省略します。

※日本語の文献における引用文内の強調は傍点で記します。亀甲括弧（〔　〕）のなかの内容は著者である私の補足になります。

※同一の引用文献が続く場合、日本語文献に関しては「同書」、外国語文献に関しては「Ibid」と表記します。

はじめに

その傾向は特にネット上において顕著ですが、昨今、客観的な情報や事実、また、他者の考え方や意見といったものに一切耳を傾けず、相手を否定しながら自説ばかりを垂れる人の姿を目にします。しかし、そのような態度をとっていては、やり取りしている相手を含めて、周りから賛同や共感を得るのは難しいでしょう。

また、それとセットでよく見られるのは、やり取りが自分にとって不利な方向に進むと、話をすり替えたり、攻撃的になったり、無視やブロックしたりする者の姿です。みなさんも日常的に目にする光景だと思います。そんなことをしていても、単に誰の得（プラス）もならないどころか、誰にとっても不快（マイナス）でしかない、なんてことにもなりかねないのです。

ドイツの哲学者であり倫理学者である、イマヌエル・カント（一七二四〜一八〇四年）がそのような偏執に満ちた態度を目にしたならば、その人間のうちに「先入観」を見出すことでしょう。より具体的には、カントが「自己愛もしくは論理的利己主義から生じる先入観」[※1]と呼ぶものです（本書

※1　Ak IX 80.

以下では「利己的な先入観」と呼ぶことにします)。

カント自身、それを「我々は自分の判断が他人の判断と一致するかどうかは、どうでもよい真理の指標なのだと考える」[※2]ことだと説明しています。すこし分かりにくい言い方がされていますが、要は、自分の主張を認めてもらうこと自体が目的化しており、もはや何が客観的な情報であり、事実であるかといったことはどうでもよくなってしまっている状態のことです。

そうならないためには、私たちは自分(の自我)を前面に押し出すのではなく、他者をリスペクトして、その言葉に耳を傾ける必要があるのです。

ただカントは、他者をリスペクトして、その言葉に耳を傾ける際にも、今度は先ほどとはまた別の「先入観」が顔を出す可能性があると言うのです。カントが「名声の先入観」と呼ぶもので、これはさらに細かく以下の三つに分けられることになります。[※3]

①まずは、「個人の名声の先入観」と呼ばれるもので、これは例えば、「あの有名なカントが言っているから」という理由でその妥当性を認めてしまうような態度のことです。個人のうちに権威を認める、「権威主義」とも言えます。

②次いで、「多数の人々の名声の先入観」です。これは例えば、「みんながカントはすごいと言っているから」という理由で、カントはすごいことを言っているのだろうと思い込み、真に受けてしまう態度のことです。過度に周りを気にし、流される傾向の強い日本人によく見られる姿勢と言えるかもしれません。

③最後に、「時代の名声の先入観」です。これは例えば、「カントという昔の人の言っていることだから（そしてそれは長い間、忘れ去られることなく、生き残ってきたものなのだから）」ということで価値があるはずと思い込んでしまう態度のことです。

これら三つの「名声の先入観」に囚われる者とはつまり、他者の言葉に真摯に耳を傾けるというレベルではなく、もはや耳のみならず、目も口も頭もすべてを他者に預けてしまっているのです。つまり、自分の頭で考えることを完全に怠ってしまっているのです。

そのような態度の何が問題なのかというと、たったひとり、もしくは、ごく一部の人間のみが考え、それ以外の大多数は単に盲目的に付き従うだけとなると、仮に誤った方向に向かったときに、誰も歯止めをかけられなくなってしまうのです。日本やドイツでは、このような事態について説明するのに多くの言葉を要しないはずです。

そんな国家レベルの大規模な話ではなくとも、日常にいくらでも実例は溢れており、例えば、誰かが明らかにおかしなことをしておいて、後から「上司（もしくは先輩）に言われたからやりました」などと発言する者の姿を目の当たりにしたら、あなたは何を思うのでしょうか。「イヤ、お前自分で考えろや！」となるはずです。

※2 Ibid.
※3 Vgl. Ibid. 77ff. この辺りの話は、フランシス・ベーコンの四つのイドラの話にも重なってくると言えるでしょう。Cf. Bacon (1858). ベーコン（一九七八年）参照。

図1 さまざまな先入観

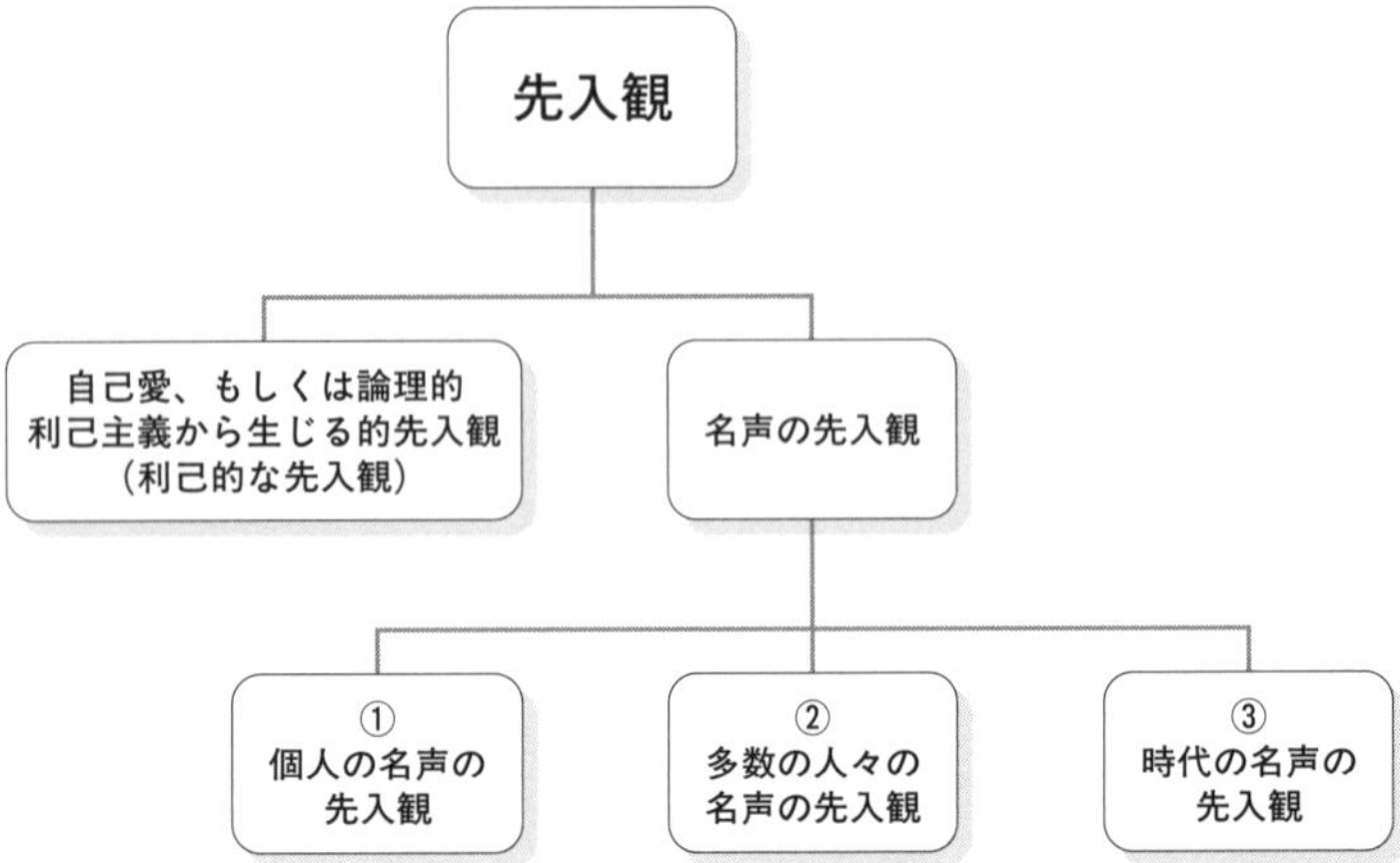

ここまでの「先入観」についての話をまとめると、「利己的な先入観」に囚われている者とは、自分にとって都合の良い方向でしか考えない者であり、他方の「名声の先入観」に囚われる者とは、もはや自分の頭で考えることを怠り、それを他者に委ねてしまっている者なのです。どちらも、まともに自分の頭で考えていないのであり、その弊害は自分自身だけでなく、周りを巻き込んで広がっていくのです。[※4]

これらの「先入観」に囚われないために必要な姿勢は、ここまでの話の流れから察しがつくと思いますが、自分の頭で考えることであり、それが一丁目一番地になるのです。そのため、カントは、私たちに以下のように求めるのです。

═ 自分で考える勇気を持て！[※5] ═

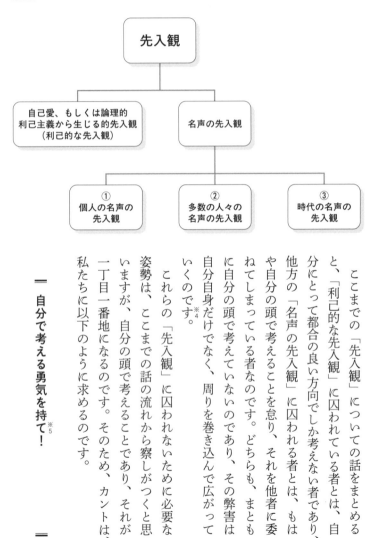

「勇気」という表現に唐突感を抱く人がいるかもしれません。カントの意図を探ると、自分の都合を捨象して真に自由に考えるとなると、自身の刹那的感情に反する帰結がもたらされるかもしれません。そのことを私たちは受け止める覚悟がなければならないのです。先の引用文のカントの言葉自体は極めて単純ですが、実際に行動に移すとなると、実はそう簡単なことではないのです。[※6]

また、実際に行動に移すとなると、単に自分の頭で考えるというだけでなく、もう少し具体的にどのような方向で、どのように考えるべきかについての指針が求められることになります。カント自身が、順序立てて描き出しているので、本書の第一部において、彼の掲げる「第一の原則」「第二の原則」「第三の原則」と順を追って紹介していきます。またその際、分かりやすさと、現実への応用のしやすさを念頭に、現代人の抱える悩みに答える形で、その理論的な構造を明らかにしていきます。[※7]

ここで仮に私が「はじめに」を終わらせて本題に入っても、多くの人は何の違和感も抱かないか

※4　これはどちらか一方のみに偏る可能性があるということではなく、ひとりの人間のうちで、この両面が共存することも十分に考えられます。状況によって異なった「先入観」が顔を出すのです。
※5　Ak VIII 35.
※6　まったく考えないことや、手加減して考えることは、その場の刹那的な感情からそうしているのでしょうが、長期的には自分（たち）にとって不利に働くことが多いのです（だからそこまで考えてほしいのです）。

もしれません。しかし、なかには、ある疑問を持つ人がいるかもしれません。その疑問とは、「自分で考えることの重要性を説いておきながら、カントの理論に沿ってのみ考えるとなると、それはその実、カントという枠組みのもとでしか考えないことになるのではないか？」といったものです。もっともな疑問であり、指摘と言えます。それでは結局、「名声の先入観」から完全には脱却できていないことになるでしょう。不徹底のそしりは免れえません。

　そうならないために、続く第二部において、カント自身、ならびに、他のカント解釈に対して批判的な視点[※8]も交えて、その問題点を指摘しながら、よりよい理論のあり方について模索していきます。これは私のカントや他の研究者に対するスタンスの話になります。

　加えて私は、読者のみなさんにも同じ姿勢を求めます。つまり、カントであり、秋元でありを鵜呑みのするのではなく、批判的な視点を持って、本書に対峙してほしいと思っています。ぜひ本書を自分の哲学を固める糧にしてください。

※7　私は「現代人の抱える悩みに答える」と書きましたが、この動詞の「答える」にしても、名詞の「答え」にしても、辞書を見てもらえれば分かると思いますが、大きく分けて二つの意味合いがあります。ひとつは、「質問に対する反応」という意味での「答え」です。そして、もうひとつは、「回答」「正解」という意味での「答え」です。本書には後者の意味での「答え」は載っていません。つまり、「回答」「正解」が載っているわけではないのです。人の生き方について、万人に妥当する「回答」や「正解」など存在しないのです。ないものねだりをしても仕方ありません。本書に紹介するカントの言葉とは、せいぜい考える上での足掛かりであり、私たちが誤った方向に考えてしまわないための補助を担ってくれるに過ぎないのです。

※8　「批判」「批判的」という日本語では否定的なニュアンスが強いですが、ドイツ語や、その母語話者のカントの用法では、決してそんなことはなく、「全肯定することなく、斜に構えて吟味する」という程度の意味に受け止めてください。関連した話を、本書第一部「悩み⑬」以降において、展開します。

目次

第一部 日常生活での悩み

第一部

日常生活での悩み

私は、カント倫理学が私たちが生きる上での指針となりうると考えています。ただ、そう公言していながら、実際に苦しんでいる人々に積極的に関わろうとしない、働きかけないというのでは筋が通らないでしょう。そのような考えのもと、私はこれまで自らの著作や、ネット上で、世間に向けて、倫理的な悩みがあれば伝えてほしいと繰り返してきました。

それによって実際、これまでたくさんの人が私に声をかけてきてくれました。そして、それを受けて、私なりにカント倫理学の理屈を用いて一生懸命答えてきたつもりです。本書第一部は、その成果の一部ということになります。以下では、実際に私が見聞きした悩みであり、また、それに対してカントの理論を用いて答えた内容を（多少手を加えて）紹介していきます。

悩み❶ 私嫌われているみたい

私は職場で周りから嫌われているみたいです。そのことは空気から感じます。どうにかしたいです。でもどうしたらいいのか分かりません。

本当に嫌われているのかどうか分かりませんが、嫌われている前提で話をします。

嫌われる人というのは、大きく分けて二つのタイプに分けられるように思います。ひとつは、「はじめに」において触れた、「利己的な先入観」に関わるタイプです。このような利己性を前面に押し出すタイプの人間を、ここでは「自己中タイプ」と表現しておきます。あまりに利己性を前面に押し出せば、周りから嫌われるのは半ば当然の帰結と言えるでしょう。

ここで読者のみなさんは何を感じたでしょうか。「自分にもそういった面があるかもしれない」と思ったでしょうか。だとすれば、それは決して悪いことではありません。むしろ、望ましい姿勢と言えます。なぜなら、その人は自分にとって都合の悪いことについても考えたからです。

それよりもよくないのは、ここまでの話の内容を受けても、考えもせずに他人事として受け止めてしまったような人です。人間というのは油断をすると、考えることを怠ってしまう怠惰な生き物なのであり、また、ついつい自分の都合の良いように考えがちな利己的な生き物なのです。

ここで話が、「はじめに」において触れた、自分の頭で考えることの重要性につながってくるわけです。カントは、私たちには誰もが必ず則らなければならない三つの原則があると言います。彼は、その「第一の原則」[※9]として、（先ほども同様の趣旨の文面を引用しましたが、カントは別の箇所において、別の言い回しで）「自分で考えること」[※10]を挙げます。それは、ただ考えればいいというものではなく、先ほども触れたように、考える労力を惜しんだり、自分中心的に考えたりしてしまいがちな人間の性《さが》に抗って、自分の都合を捨象して徹底的に考えることが求められるのです。誰にとってもそうですが、自分が「自己中タイプ」であることへの危惧があるのであれば、なおさらです。

具体的に考えてみましょう。例えば、自分のミスを決して認めようとしない態度をとれば、嫌われるであろうことは、冷静に考えてみれば分かるはずなのです。ところが、考えること自体を避けたり、自分にとって都合の良い方向でのみ考えることで、まともに考えれば容易に気づくはずのことも気づかないのです。そして、それをそのまま行動に移してしまうのです。結果、嫌われるのです。

「自己中タイプ」の人というのは、（おおかた無意識のうちに）いわば自分だけが行い、そして、自分だけがそれでいいと思うことをなしているのです。「自分の視点にしか立てていない」という言い方ができます。それを避けたいのであれば、意識してその逆の発想をすればいいのです。つまり、他者の視点に立つのです。それも、できる限り多様な他者の視点に立つのです。

これが私たちの誰もが則らなければならない原則のうちの「第二の原則」[※11]と重なり合うことに

なります。カントはそれを「自らあらゆる他人の立場になって考えること」[※12]と表現します。ここで重要なのは、カントが単に「他人」ではなく、「あらゆる他人」と表現している点です。ある特定の人ではなく、その人を含めたできる限り多くの人の視点に立つことが求められるのです。

例えば、私が、何があろうと決して自分のミスを認めない、謝らない相手を目の当たりにしたら何を思うか、もしくは、視点を反対にして、そんな態度をとる自分が相手にどのように映るであろうか、または、第三者の目にどう映るだろうか考えてみるのです。まさに、あらゆる立場に立って考えてみるのです。それによって気づくことがあるはずなのです。

ここまでの「第二の原則」についての説明を目にしたところで、なかには「そんなの何も目新しいことではない！」「別に当たり前のことではないか！」と思った人もいるかもしれません。「第一の原則」の文脈でも触れたことですが、そうやって他人事として受け止めてしまう態度が、現実に「第二の原則」にまったく沿わない人たちを生み出しているのです。本当にそれを自分が（十分に）できているのか、真摯に省みてほしいと思います。

自らの振舞いについて省みることに関連して、カントは、私たちがどのように考え、どのよう

※9　Ibid. VII 228.
※10　Ibid.
※11　Ibid.
※12　Ibid.

に行為すべきか、ということについて、「第一の原則」と「第二の原則」を合一させる形で、以下のように定式化しています。

それが普遍的法則となることを、それによって汝が同時に欲しうるところの格率に従って行為せよ。[※13]

ここに、二つの原則がどのように取り入れられているのか、そもそも、この引用文が何を言おうとしているのか、これだけ見せられても、その意図が計りかねると思います。でも、ご安心ください。みなさんに分かるように説明します。

まずは、「格率《かくりつ》」という見慣れない用語が目に入ります（訳本によっては「格律《かくりつ》」という訳語も見られます）。カント自身は、これを「意志が自らの自由を使用するために自分自身に設ける規則、すなわち、格率[※14]」と表現しています。[※15]ここから読み取れることは、つまり格率とは、自分で自身に課す規則のことなのです。

「自分でも知らない間に、自分で自身に規則を課していた」などという表現は不自然です。それは、事後に振り返ってみたら、何らかの規則性が見出せた、というような後づけのものではなく、事前に考慮した上で自覚的に設ける規則なのです。つまり「第一の原則」に則っている必要があるのです。

また先の定式（注13）には、日常生活ではあまり使わない表現として「普遍的法則」という文面がありました。特に「普遍的」という部分は、多義的であるために注意が必要となります。そのうちのひとつの意味は、「第二の原則」のなかに含意されており、そのことは以下の引用文のうちにはっきりと表れています。「もしこの人が自分の主観的、個人的条件を乗り越えて、普遍的立場〔中略〕から彼自身の判断に反省を加えるならば、このような考え方はその人が拡張された思考法の持ち主であることを示すのである」[※16]。先の定式であり、また、「第二の原則」に従うことは、普遍性を担保することにつながるのです[※17]。

「普遍」という語の多義性に関連して、私の格率が、私だけではなく、さまざまな他者の格率となることもまた普遍的と言えます。具体的な例を代入すると、「私は自分のミスを認めない、決して謝らない」という格率が普遍化されれば、Aさんも、Bさんも、Cさんも、みんなそろって同

※13　Ibid. IV 421.
※14　Ibid. VI 21.
※15　ドイツではMaximeであり、英語でも似たような単語としてmaximというものがあるので、それと絡めるとイメージしやすいかもしれません。英語のmaximには、「格言」「行為原理」といった意味であり、ドイツ語や、カントの用法もそれに沿ったものと言えます。
※16　Vgl. ibid. V 295.
※17　「主観的」（subjektiv）の対義語は「客観的」（objektiv）であり、そのため注16の引用文の「普遍的」の部分は本来「客観的」の語の方が相応しいと思うのですが、カントは当該箇所に限らず、「客観的」と「普遍的」（allgemein）の意味上の区別をしているようには見えないのです。

じ格率を持つことになります。つまり、誰も自分のミスを認めない、決して謝らない事態となります。

ここまで考えが至ったところで活きてくるのが、定式のうちにある「欲しうる」という側面です。つまり、先ほど代入した、みんなも私と同じように、自分のミスを認めない、決して謝らない世界というものが、私だけでなく、みんなにとって、つまり、普遍的な視点からも、「欲しうる」（「望ましい」）ものであるかどうかについて吟味してみるのです。[※18]

答えは自ずと出てくるはずです。まさにカントが以下のように言うとおりです。

誠実であり、善良であるためには、それどころか、さらに賢明であり有徳であるために、何をしなければならないのかについて知るのに、学問も哲学も必要としないのである。[※19]

もし、誰も自分のミスを認めようとしない、誰も謝ろうとしない世界が到来することを、誰も望まないだろうと判断したのであれば、その格率であり、その格率が内包する行為というものが、道徳法則に反するものであることを意味するのです。当然、採用すべきではありません。

代わりに、「私は自分のミスを自覚しているのであれば、それを素直に認める」「自分のミスに気づいたらすぐに謝る」という格率について吟味してみましょう。これが普遍化された事態を、誰にとっても望ましいものと判断できたのであれば、その行為は道徳法則に合致するということであり、そのため履行すべきということになるのです。

道徳法則の役割については、カント自身による以下の文面が、その特徴を端的に表していると言えます。


＝行為と道徳法則の比較が、我々を謙虚にするのである。[※20]**＝**

道徳法則が、私たちの利己心を抑え、私たちを謙虚にするのです。つまり、「自己中タイプ」の人間が己の行き過ぎた利己性を抑えるのに役立つのです。

この道徳法則を導くための、「第一の原則」と「第二の原則」を融合させ、発展させたような文面は、文法的には「〜せよ」という命令文の形になっていました。そのため、これは「命法」(Imperativ) と呼ばれます。加えて、これは私たちに「否応なしに」「断定的」に命じるため、「定言(的)」(kategorisch) と表現されるのです。合わせて、カント自身がこれを「定言命法《ていげんめいほう》」(kategorischer Imperativ) と名づけるのです。

※18 つまりカントの「普遍性」には、三重の意味が備わっていることになります。ひとつには「自分があらゆる人の視点に立つ」という意味であり、次いで、「(それを通じて立てられるであろう) 格率をあらゆる人が遵守する」という意味であり、最後に「そのような事態があらゆる人にとって望ましい」という意味です。
※19 Ak IV 404.
※20 Ibid XXVII 350.

この定言命法は、カント倫理学にとって、最重要の用語なので、ぜひともここでしっかりとその役割について頭に入れておいてください。

悩み❷ 仕事ができない

私は仕事ができません。周りに迷惑ばかりかけています。申し訳ないですし、辛いです。

先ほど触れたように、人から嫌われるタイプには、大きく分けて二通りが考えられます。ひとつは前節において取り上げ、考察を加えた「自己中タイプ」です。もうひとつは、例えば、仕事等でミスばかりしていて他者に迷惑をかけてしまったり、空気が読めずに他者に不快な思いをさせてしまったりするようなタイプです。ここでは、こちらを「できないタイプ」と称しておきます。[※21]

この「できないタイプ」が向かうべき方向も、「自己中タイプ」と同じように、定言命法によって明示することができます。そのことは「私は自分の能力を伸ばす努力をしない」という格率を

定言命法のテストにかけてみれば分かります。[※21]

もしそれを望ましくないと判断したのであれば、それは道徳法則に反するということなのです。反対に、「私は自分の能力を伸ばす努力をする」という格率の普遍化された事態が万人にとって望ましいと判断したのであれば、それは道徳法則に合致するということなのです。だとすれば、それは行動に移すべきなのです。

ただ、仕事ができるようになるため努力したからといって、必ずそれが実を結ぶというわけではありません。人には能力的な限界がありますし、向き・不向きもあります。そのことはカントも十分承知しています。そこで彼は（少なくとも倫理的に）重要なのは、努力したという事実であり、実際に結果が伴うかどうかではないと言うのです。

（この人生において）完全性を達成することは義務ではないが、それに向かって努力することは義務である。[※22]

※21　私は先ほどカントの引用文と絡めて、倫理的に何をすべきか（道徳法則）を知るのに学問など必要なく、誰もが容易に導けるはずであるという話をしました（注19参照）。関連して、国民的なマンガ『ドラえもん』には、ドラえもんがのび太に、みんながのび太のレベルであったら、この世の終わりであることを告げるシーンがあります。ここには、主な読者である小学生ですら、みんながのび太レベルの世界が到来した事態がいかに悲惨なものであるか即座に分かるはずであるという前提があるのです（そのとんでもなさが伝わるからこそ、その面白味が味わえるのです）。藤子・F・不二雄（二〇一六年）、三七頁参照。

カントは、結果を残すことは誰もができるわけではなく、そのため倫理的義務たりえないものの、他方で、努力というものは誰もができるはずであり、そのため倫理的義務となりうると説くのです。カントは私たちに能力を超えたことを要求することはないのです。同じことですが、必ずできるはずのことだけを求めるのです（私がカントの思想に強く共感するところです）。

この理論から現実への生活に応用できることとして、周りの人、とりわけ上司は、「できないタイプ」の人が努力しているのか、やるべきことをやっているのか精査することが求められるのです。もし本人がそれをやっていないのであれば、その点を指摘するべきと言えます。もし相手がその点を指摘されても努力しようとしないのであれば、その人は嫌われても仕方ないでしょう。

もしくは、本人は努力をしていても、そのやり方が悪いということもあります。その場合、周りや上司は、その者にヒントを与える必要があります。それが上司の役割というものでしょう。しかし、もし本人が周りや上司の意見に明確な理由もなく聞く耳を持たないのであれば、これまた嫌われても仕方ないでしょう。

逆に言えば、本人は努力をしている、しかも、周りや上司のアドバイスに従って、おかしなやり方をしているわけでもないのであれば、仕事ができないことが理由で嫌われるということはないはずなのです。もしそんなことがあろうものなら、本人の実力を超えたものを要求している側、責めている側に問題があることになるのです。[※23]

私は大学生の頃にレストランでアルバイトをしていたことがありました。しかし、私は物覚えが悪く、ミスばかりしていました。周りに迷惑をかけていたことは十分に自覚していました。そんな私は能力的に人よりも劣る分、人一倍努力して補わなければならないと思い、勤務時間外に研修ビデオを見たり、頻繁にメモをとってそれを見直したり、とにかく一生懸命取り組んだのです。

するとそのうち、人よりも時間はかかったものの、人並み程度には仕事ができるようになりました。そんなある日、私は店長に呼ばれました。そして、バイト連中のなかのリーダーになってほしい（役職を与える）と言われたのです。

しかし私は自分よりも仕事ができる人が他にいるのに、なぜ自分なのかと正直に思ったことを尋ねました。すると店長は、確かに他にもっと仕事ができる者がいるものの、重要な点はそこではなく、私（秋元）の仕事に取り組む姿勢を評価した結果であるとその旨を説明してくれたのです。

別に私は他人に見てもらうため、評価してもらうために努力していたわけではありません。しかし、結果的にはそうなったのです。後から考えてみると、私がそれまでひどいミスをしても、店長がきつく当たらなかったのは、その辺りに理由があったのかもしれません。見てくれている人

※22　Ak VI 446.
※23　残念なことに、世の中には、自分よりもできない人を（自分の基準で）見つけて、バカにして、満足感を得るタイプの人間が一定数存在します。そういった人に何かを言われたとしても、気にしないことです。

は見てくれていることを身をもって学んだのでした。

他方で、それとはまったく異なる職場も経験しました。人の努力や取り組む姿勢といったものに一切関心を示さず、ただ結果だけを見て、人を判断する（すべてが分かったかのように振舞う）上司のもとで働いた経験です。すぐに結果を残すタイプでない私が冷遇されたことは言うまでもありません。そこで私は自分の力を発揮することができなかったわけですが、それは同時に、その会社が私の力を発揮させられなかったことをも意味するのです。どちらにとっても残念なことと言えるでしょう。

付言すれば、その職場には、私のようなタイプの人間は他にもいたわけで、彼らはみんな私と同じ運命をたどったのです。彼らだって、やりようによっては活躍できたはずなのです。それができず、会社として人材を活かしきれなかったのは、本人にとっても会社にとってもやはり残念な結果と言えるでしょう。

節の最後ということで、特に人の上に立つ地位の人たちに向けて、どうしても言っておきたいことがあります。――一生懸命がんばっている、そして、人の意見をしっかりと聞く気がある人間に対して、「なんでこんなこともできないんだ！」等の、その人にとって何のアドバイスにもならない、ただ、その人を追い込むだけの言葉はかけないでください。それはただ単に、言われた方の立場に立って言っているのではありません。そのような発言をする側にとって恥ずかしいことであり、何のプラスにもならないからです。

悩み③ 論理的になりたい

自分が論理的でないと自覚しています。そんな自分がイヤです。何かできることはありますか？

自分が論理的ではないと自覚する人の場合も、大きく分けて二つの可能性が考えられます。ひとつは強すぎる利己性が論理破綻の原因となっている場合、もうひとつは単にその人が論理的思考が苦手という場合です。

これが先ほど「悩み①」で取り上げた、嫌われる原因は己の強すぎる利己性にある場合と、「悩み②」において触れた、嫌われる理由が仕事等ができない（苦手）である場合があるという内容と、パラレルになっていることが分かると思います。そのため、それを回避する手段についても重なり合うことになります。つまり、定言命法です。では具体的に見ていきましょう。

論理的思考には判断が伴います。カントは妥当な判断とそうでない判断が混同されるケースがあると言い、その原因について以下のように述べています。

＝このような混同の原因は、すべての判断に先行しなければならない考慮が欠如している＝

ことから、主観的根拠が誤って客観的根拠であると考えらることによって求められなければならない。[※24]

カントのうちには、一定年齢の健常者であり、かつ、普通の状況下にいるのであれば、理性を使用できるはずであり、考えること、それもしっかりとまともに考えることができるはずであるという確信がありました。

先ほど、決して自分の非を認めようとしない人を例に、考えれば分かるはずのことも、考えないから分からないままとなるという話をしました。カントが「考慮が欠如している」と言うのは、決して考慮する能力が欠如しているのではないのです。そうではなく、その者は本来はできるはずのことを「やろう」としていないだけなのです。

また引用文には、「主観的根拠」という表現がありました。これは「自分にしか妥当しない根拠」ということです。それはつまり先の例で言えば、「自分のミスを認めたくない」という願望であり、そういった感情が、そのまま根拠になってしまっているのです。

しかし、感情には論理を司る権能はありません。感情的である「主観的根拠」を拠り所にしてしまうと、それは容易に論理破綻に結びつくのです。例えば、誤解があったときに、自分が聞き手の場合は、話半分に聞いていたことを棚に上げて「相手が誤解しないように丁寧に説明しろ!」(話し手が悪い)と言い、状況が変わって、自分が話し手の場合には、自分の言葉足らずを棚に上げて「普段から相手をしっかりと観察していれば、言いたいことが分かるはずだ！」（聞き手が悪い）と言う人がいるとします。というか、こういう人を私は実際に知っていますし、読者の周りにもいるのではないでしょうか。自分が置かれた状況によって、発言内容がコロコロと変わるような人です。

このような姿勢のうちには一貫性がありません。しかし、その根底には、あるものが一貫して流れているのです。それは「自分のミスは認めたくない」「人のせいにしたい」といった利己的な感情です。このような感情を「主観的根拠」に据えて行動してしまうと、感情単体には論理を司る権能は備わっていないため、その者は口を開けば開くほど、言動は矛盾してしまうのです。

これに反してカントは、妥当な判断のためには、「客観的根拠」にもとづいていなければならないと言うのです。読者のみなさんはもうお分かりだと思います。ここで、これまでに触れてきた原則であり、定言命法が有効になるのです。

まず（「第一の原則」を前提として）「第二の原則」に絡めて説明すると、それは自分ひとりの視点ではなく、より多くの他者の視点に立って考えることを求めます。先の例に絡めれば、自分が聞き手の場合には常に話し手が悪い、自分が話し手の場合には常に聞き手が悪い、という姿勢は、自分の視点にしか立っていないから成り立つ（そのおかしさに気づかない）のであって、他者の視点から

※24　Ibid. IX 76.

は受け入れられないものであることに思いが至るはずなのです。

それが自覚できたところで、「第三の原則[※25]」に則っているかどうかが問われるのです。それは以下のように表現されます。「いつも自分自身と一致した考えをすること[※26]」。「第一の原則」と「第二の原則」に従っていれば、自らがどうすべきか、また、どうすべきでないかについて自覚できるはずなのであり、その上で、その当為を素直に行動に移していれば、言動に一貫性が担保されるはずなのです。つまり、自ずと「第三の原則」に則っていることになるのです。

定言命法によっても同じように論理性と絡めて説明することができます。「自分が聞き手の場合には落ち度は常に話し手のうちに認める」「自分が話し手の場合には落ち度は常に聞き手のうちに認める」といった格率の普遍化を意欲することができるか吟味してみるのです。答えは自ずと導き出せるはずです。

それによって導き出されたものが道徳法則であり、それは、必然的に「客観的根拠」と結びついているのです。カント自身の小難しい言い方を引いてくると、「道徳法則の認知は客観的根拠にもとづく実践理性の活動の意識[※27]」なのです。繰り返しになりますが、道徳法則を自覚しているのであれば、それを遵守すべきなのであり、反対に、道徳法則違反を自覚しているのであれば、それはなすべきではないのです。倫理を蔑ろにする者とは、論理を蔑ろにする者なのです。

このようにカントは、論理性を担保する術《すべ》について語っているのですが、とはいえ、なかには本当に論理的な思考が苦手な人もいるでしょう。前節の仕事ができない人についての話とも被りますが、その者には論理的になれるよう努力する義務が生じるものの、論理的にならなければならない義務はありません。能力的な限界がそこにあるのであれば、仕方がないことと言えます。そして、それを目の当たりにしても、それほど人は不快な思いはしないはずです。現実に看過しがたく、不快なのは、無垢な論理破綻ではなく、利己性が根底にあり、それが原因になっていることが透けて見えてしまう論理破綻なのです。

自分自身の行動に対しても、他者の行動に対しても、論理破綻の原因がどこにあるのか常に探る視点を持ち合わせてほしいと思います。※28

※25 Ibid. VII 228.
※26 Ibid.
※27 Ibid. V 79.
※28 他者に関しては断定することはできませんが、推測することはできるはずです。

悩み❹ これは偽善なのか

私はよくボランティア活動に参加するのですが、人から「そんなの偽善だ」と言われました。それ以降、そういった活動に参加するのを躊躇するようになりました。どうしたらいいのか自分でも分からなくなってしまいました。

「偽善」という言葉が出てきました。そこでまずは「偽」を取って、「善」について考えてみたいと思います。「善」の姿が露わになれば、何が「偽」であるかも自ずと明らかになるためです。すでに「悩み①」において、定言命法と道徳法則の役割についての話はしました。それは自身の利己性を抑え、私たちを謙虚にするのでした。

ただし、道徳法則を履行することが、直ちに利己性からの完全なる脱却を意味するわけではありません。――例えば、人助けという行為は、道徳法則に合致した行為でしょうが、しかし、売名行為のためにしている、下心からそうしているということも十分に考えられるわけです。仮にそのように動機が利己的であったような場合、カントはそこに道徳的善性を認めません。なぜなら結局、行為者は自分のために行動したに過ぎないからです（次節においてその差異について説明しますが、この「道徳的善ではない」は直ちに「道徳的悪である」を意味しません）。

カント自身の言い方を引いてくると、行為が「道徳法則に合致」(gemäß dem moralischen Gesetze)[※29] しているだけでなく、さらに動機が(利己的ではなく)「道徳法則のため」(um des Gesetzes willen)[※30] であって、はじめてそこに道徳的善性を見出すことができるのです。

このように、道徳的善とは、動機が利己的である限り認められないのであり、それは利己性を超克したときにのみ認められるという立場は、定義として極めて明確であり、また、それほど困難なく受け入れられるものであると個人的には思うのですが、いかがでしょうか[※31]。

ここで、カントの言うような、道徳法則をそれが道徳法則であることを理由としてなすという事態を想像してみてください。もしくは、この表現では分かりにくければ、もう少し砕けた言い回しにして、なすべきことを利己的な都合を捨象してなす事態を想像してみてください。

これが感情任せでは不可能な営みであることが看取されると思います。感情には考える力も、判断を下す力も、自身を律する力も備わっていないのです。カントは「知性的感情」[※32]なる表現は形容矛盾であると述べています。同じことですが、考え、判断し、自らを律するというのは、理性

※29 Ibid. 71. このような、行為と法則の一致は「適法性」(Legalität) と呼ばれます。

※30 Ibid. このように、動機が法則に発していることは「道徳性」(Moralität) と呼ばれます。

※31 「はじめに」において触れたように、賛同できないとしても、それはそれで構わないのですが、ただ「では自分(あなた)の立場はどうなのか?」ということについても考え、できれば、自分の言葉で提示できるようになってもらいたいと思います。ただ、ここでは、とりあえずカントの立場を押えておいてください。

※32 Ibid. 117.

によって可能となる営みなのです。

さらに理性のうちで、何が自分自身をある方向へ駆り立てることを可能にするのでしょうか。――それは意志です。考えることを怠ろうとしたり、自分にとって都合のいいように考えようとする感情に抗うには、理性に発する意志が必要になるのです。カントは多少大げさに見えるかもしれませんが、以下のように表現するのです。

無制限に善いと見なされうると考えることができるのは、まったくもって善意志のみである[※33]。

カントはこのように、利己的な感情を超克する強い意志を「善意志」と呼び、道徳的善性はそこにのみ存すると宣言するのです（彼の倫理学上の主著の本文は、この言葉でもってはじまっているのです）。

ここで重要なことは、理性であり、それに発する意志からの行為は、本能、条件反射、衝動、感情などから直接なされた行為と違って、自覚的であるということです。つまり、理性であり、善意志からなされた行為の動機は、主体にとって明確なのであり、自分でも知らず知らずのうちに道徳的善をなしていたなどといったことは努々《ゆめゆめ》ありえないのです。

ここまでの話を踏まえて、冒頭の疑問に答えると、質問者の方は「偽善だ」と言われて、たじろいでしまっているので、自らの動機に関して、十分に関心を払っていなかったのでしょう。だとすれば、そこにはしっかりとした意志は介在していなかったということであり、今後はもう少し自覚を持って行為した方がよいということは言えるかもしれません。

ただ蔑むことはありません。本節冒頭の問いである、ボランティア活動に関してどうしても言っておきたいことがあります。細かな理論的な話は本書の後半（第二部「疑問一三」「疑問一四」）においてしまいますが、ここに簡潔に結論だけ述べると、自分では何もせずに、道徳法則に則って行為しているであろう他者を捕まえて「偽善だ！」などと批判めいたことを言うような人間の言葉など真に受けることはありません。その点（つまり道徳法則に従っていること）に関しては胸を張ってほしいと思います。

※33　Ibid. IV 393.

悩み5 自分の欲深さがイヤ

お金もほしいし、地位もほしい、友人もほしいし、愛もほしい、私は欲深いのでしょうか？　そんな自分が好きになれません。

ここまで本書は、感情に流されることや、利己的に振舞うことに対して、否定的なスタンスで論を進めてきました。そのため、人によっては、利己的な感情というものは悪しきものであり、消し去るべきものとして映ったかもしれません。

しかし、結論を言うと、そうではありません。そもそも利己的な感情を消し去ることが本当に可能なのか考えてみてほしいのです。そんなことできっこないのです。履行不可能なことが履行できないのは当然であり、それは非難の対象にはなりません。カント自身もそう考えており、私たちに利己的な感情を消し去ることなど土台無理である以上、そんなことに労力を使うのはバカげている、やめておけと言うのです。

自然的傾向性は、それ自体として見られれば良いものである。言い換えれば、排斥されえないものである。そして、それを根絶しようと欲するのは、ただ無益であるばかりで

なく、有害で非難されるべきことですらある。[※34]

「自然的」というのは人間が文字通り「自然に抱く」ということです。「傾向性」というのは、カントの定義によれば「欲望」(Bedürfnis)[※35]や「欲求」(Begierde)[※36]のことです。また、これはその漢字が表すように、「傾き」のことです。ここには油断していると、そちらの方に傾いてしまうニュアンスがあるのです。例えば、コーヒーが好きな者はコーヒーを頻繁に飲む傾向があると言えます。常識的に考えて、当然と言えば当然なのですが、彼がコーヒーを飲んだとしても、そのこと自体は道徳的非難に値しません。

では、傾向性そのものや、それを満たそうとすることが直ちに道徳的悪であるわけではないとすると、具体的に何が道徳的悪なのでしょうか。カントは以下のように説明しています。

道徳的に法則に反するものだけが、それ自体として悪なのであり、絶対に排斥されなければならない。[※37]

※34 Ibid. VI 58.
※35 Ibid. IV 413.
※36 Ibid. VI 28.
※37 Ibid. 58.

傾向性そのものや、それを満たそうとすることではなく、それ(=傾向性)によって反法則的に振舞ってしまうことが悪なのです。——先ほど断ったように、コーヒーを飲みたいときにコーヒーを飲むこと自体は、倫理的非難に値しません。ただ、コーヒーを飲んでもよいと言っても、限度というものがあるでしょう。一日に一〇杯も飲んでいたら、体に良くありません。定言命法に照らし合わせても、「私は毎日できる限りコーヒーを飲む」「自分が飲みたいだけコーヒーを飲む」という格率を許容するのは困難でしょう。

理性的考察によって、自分でその格率が反法則的であることを自覚していながら、利己的感情に負けて、それを行動に移してしまうことが道徳的悪であり、排斥されるべきことなのです。卑近な言い方をすると、内心ではすべきではないことを自覚しているのに、自分の弱さに負けてそれをなしてしまうことなのです。

そしてこれが、先ほどからテーマになっている、(論理のみならず)論理の問題でもあることが看取されると思います。つまり、先の行為者は、本来はすべきでないことを自覚しているのです。それにもかかわらず、利己性に屈して、そのすべきでないことをなしてしまっているわけです。そこでは紛れもなく論理が蔑ろにされているのです。

前節において、道徳的善の姿について明らかにした文脈で、それは理性であり、そこに発する意志のうちにあるのであり、自分でも知らず知らずのうちになしていたなどありえないという話をしました。道徳的悪についても同様です。高名なカント倫理学研究者であるオトフリート・ヘッフェはカントによる、道徳的善の定義（注33参照）のうちにあった「善」の部分を「悪」に置き換えて、以下のように述べています。

ヘッフェと著者

無制限に悪と見なされうると考えることができるのは、まったくもって悪い意志のみである。[※38]

理性に発する意志というのは、感情と異なり、そのあり方は行為主体にとって明確なのです。そのため、自分でも知らないうちに善意志であるところの道徳的善をなしていたなどということはありえないのと同様に、知らず知らずのうちに悪しき意志である道徳的悪を犯していたなどということもありえないのです。

最後に、本節冒頭の問いに答えると、「自分の欲深さがイヤ」という人には、どうしてそれが問題なのか、考え直してみてほしいと思います。認めてもよい欲求の存在を認め、具体的にどのようなものがそれに当たるのか、考えながら生活してみてはいかがでしょうか。それによって見え

※38　Höffe (2013), S. 388.（邦訳）ヘッフェ（二〇二〇年）、四五四頁。

てくるものもあるのではないでしょうか。

悩み❻ もっと自由がほしい

周りからから「あれをやれ」「これをやれ」と言われるのがイヤ。もっと自分のやりたいことをやる自由がほしい。

はたして、そもそも「自由」とは何なのでしょうか。

それは一般的には行為選択の自由として理解されることが多いようです。例えば、今みなさんはこの本を読んでいるわけですが、このまま読み続けることもできるし、ここで読むのを止めることもできるわけです。それを決める自由はみなさんのうちにある、といった意味合いです。カントの場合も、文脈によっては、そういった意味で使われることがあります。しかし、これは派生的な使用法と言えます。

ここで、もともとの狭い意味での自由について明らかにしておきたいと思います。

そこで論の進め方ですが、自由でないものは何かという外堀を徐々に埋めていきながら、元来の意味を浮かび上がらせていくことにします。

まず、感情から直接行為に結びついているような行為のうちに自由を認めることはできません。例えば、ゲームをしたいからといって、衝動的に電源を入れてゲームするような場合です。これは単に感情に支配されているだけの状態と言えます。自分で行為を選択しているわけではないのです。

このような行為と、理性が介在していないという面において一致するのが、習慣的な行為です。例えば、毎日のようにゲームをしていれば、そのうちにそれが習慣化し、考えなくとも体が勝手に動くようになるでしょう。普段通っている道を通るだとか、起床後や就寝前のルーティーンだとかも、考えることなくできるのであれば、同じことです。この種のいわば習慣的な行為の倫理的な意味合いについては、後ほど(第二部「疑問一一」において)改めて取り上げて、考察します。

また、たとえそこに理性が介在していても、根本部分において感情由来である場合は、やはり、自由度において劣ることになります。例えば、「みんなでゲームをするのに、何人、そして、誰を呼ぶか?」ということについて考え、判断を下すような場合です。これは紛れもなく理性的な営みです。しかし、「ゲームをしたい」「みんなでゲームをしたい」といった感情由来である以上、その者は依然として感情の枠内でしか考えることも、行動することもできない状態にあると言えるのです。

「ゲームをする」という行為自体にあまり良いイメージはないかもしれません。他方で、「有名なゲーム会社に就職する」ということであれば、多くの人は良いイメージを持つのではないでしょうか。しかし、たとえ世間的には望ましいものと思われるものであっても、それが感情に起因している場合には、やはり真の自由を見出すことはできません。典型的なのは、「その企業は世間で評価されているから」といったものです。このような場合、自分の考えによってではなく、周りの評価や価値観であり、それを手に入れたいと望む感情に流されているに過ぎないのです。

カントは、ここまでに紹介したような、利己的な都合で動いたり、周りの評価に流されている状態のことを、他によって律せられているという意味で「他律」(Heteronomie)と呼びます。その限り、十分に自由な状態とは言えないのです。対照的に、利己的な感情を超克し、他人の目を捨象して行為できる状態を、自分自身を律するという意味で「自律」(Autonomie)と呼びます。これこそが、利己的な欲求に囚われることのない、真に自由な状態と言えるのです。それによって道徳的善が実現するのです。

意志の自律は、意志の固有性である。これによって、この意志は自らに(意欲の諸対象のすべての性質から独立して)**法則を与える。そのため、自律の原理とは次のようなものである。すなわち、意欲が選択をする際の格率が同時にその同じ意欲のうちに普遍的法則として含まれているという仕方でしか選択すべきでない、ということである。**※39

これまでのゲームの例に絡めて言うと、「子供の頃に、あるゲームに出会えたことで、生きる希望が持てるようになった。自分も子供に希望を与えられるようなゲームを作りたい」といった、他者に希望を与えることを企図した格率であれば、普遍化を意欲すること、すなわち、道徳法則を見出すことができるでしょう。それが道徳法則であるということを理由として（つまり利己的な都合によってではなく）行為しえたときに、そこに真の自由であり、自律した個人であり、道徳的善性が見出すことができるのです。

「自由」についてまとめると、自分の好き勝手に振舞っているような状態は、本当は自由などではないのです。むしろ、自分の欲求に縛られ、流されているという意味で、不自由と言えるのです。そうではなく、自身の欲求に逆らって、それとは別様に振舞えることこそが、真に自由な状態なのです。

自らが口にする自由がどのような意味にもとづくものなのか、よくよく考えて使用してほしいと思います。

※39　Ak IV 440.

悩み❼「結果がすべて」は本当か

上司によく「結果がすべて」と言われます。結果が出せない私は罵られてばかりです。しかし納得ができません。とはいえ、うまく反論することもできません。このモヤモヤどうにかしたい。

「悩み②」の内容とも部分的に被りますが、結果のみに関心を寄せ、評価する姿勢の問題点について、改めて考えてみたいと思います。

「結果がすべて」という言明は、「社会人なのだから」「それでお金もらっているのだから」といった発想と結びつけられることが多いように見受けられます。「プロ意識」のようなものです。実際、特にそういった意識が強いであろう、プロスポーツ選手などが同様の発言をする姿を頻繁に目にします。その度に、私は釈然としない気になるのです。先のような発言をする彼らは以下のような質問に対してどう答えるつもりなのでしょうか。

「どんな手を使っても勝負に勝てばいいのか？」

「勝てる人間は人間的には最低でも構わないのか？」

「スポーツを観るのは勝ち負けを知るためだけなのか？」

「敗者に感動したり、称賛を送ったりすることはないか？」

「そうだ」と答える人などいないことを祈りますが、もしいるとすれば、私はその人を軽蔑します。そして、理論的に反論します。翻って、もし「そうじゃない」と答えるのであれば、それは「結果がすべて」などではないことを自分で認めているではありませんか。

私は「結果がすべて」と発言する者はたくさんいるものの、実生活でそれを貫徹している人間など皆無だと思っています（少なくとも私は見たことがありません）。彼らは、時と場所が変わると、今度は「考え方が悪い」だの「取り組む姿勢がなっていない」だの、過程について云々し出すのです。そこにあるのは、曖昧な考えにもとづく、不正確な言語使用なのです。そして、そのような不正確な言語使用は、論理破綻をきたすのです。

では、ここで改めて、「結果がすべて」という発想に対して、カントが何を言うだろうかということを見ていきたいと思います。

道徳的善の所在についてはすでに明らかにしました。それは、行為者の意志という内面にあるのです。このことが意味するのは、人が善意志から行為した時点で、その道徳的善性は確定するということです。同じことですが、その行為からもたらされた結果によって、つまり、後から行為の道徳性が変化するようなことはないということです。カントは以下のように言います。

〓善意志は、宝石のように、まことにそれだけで十分な価値をそのうちに持つものとして、〓

光り輝くのである。役に立つとか、成果がないとかということは、この価値に何も増さず、何も減じないのである。※40

　ここで重要なことは、道徳的な善悪と、結果の良し悪しはまったく別物であるということです。動機が善意志に発していながらも、望ましい結果がもたらされることもあれば、そうでない場合もあり、反対に、動機は利己的であっても、すばらしい結果に結びつくこともあれば、酷い結果となることもあるのです。道徳的善悪と結果の良し悪しは別物なのですから、当然、それぞれ個別に評価されるべきなのです。

　先ほど触れたように、日々の暮らしのなかで、「結果がすべて」というような発言はよく耳にし、他方で、それに異論を唱えるような声はほとんど聞かれません。あたかも何の違和感もないかのような素振りです。もはや無意識のレベルで、そういった発想が根を張ってしまっているのでしょう。私が「結果偏重主義」と呼ぶ風潮です。

　しかし、結果にしか関心を払わず、評価対象にしない人々が多数派を占めるような世の中では、結果を残した（一部の）者だけが評価され、しかも過大に評価されることになります。反対に、結果が伴わなかった者は単に過小評価されるだけでなく、全否定されることになります。そもそも評価判断として誤っており、かつ、不寛容で殺伐とした空気を生み出すことになるでしょう。まともな感覚の人間ほど、やってられなくなってしまうのではないでしょうか（日本で、多くの自殺者や精神疾患者がいる原因のひとつがここにあるのです)。

ここまでは、道徳的善さであるところの意志(動機)の善さと、結果の良さという二つの観点について比較、考察してきましたが、カント自身がそれ以外にも以下のような三つの実例を挙げています。

- 才能面の良し悪し、例えば、理解力、機知、判断力など
- 気質の良し悪し、例えば、勇気、果断、根気など
- 運の良し悪し、例えば、権力、富、名誉、健康、満足など[※41]

これらも本来、それぞれまったくの別物なのであり、そのため、個別にその良し悪しを評価すべきものなのです。[※42]

読者のみなさんはお気づきかもしれませんが、私は「よい」という表現について、道徳的善さについては「善い」の漢字を当て、それ以外の良さについては「良い」の漢字を当てています。そして、それらを含めて表現したいときや、あえて曖昧に表現したいときには、ひらがなの「よい」

※40 Ibid. 394.
※41 Vgl. ibid. 393.

を当てています。この「よい」という音に引きずられて、本来別内容であるはずの「よさ」を区別しなかったり、「どちらの方がよいか?」などと「よさ」比べをしてしまうことはカテゴリーミステイクであり、誤謬なのです。

また、カントは先の文脈では言及していないものの、以下の観点もまた個別に評価を下すべきものと言えます。

・考え方の良し悪し
・努力面での良し悪し
・美的な良し悪し

他にも挙げようと思えば、いくつもの観点を挙げることができるでしょう。繰り返しになりますが、世の中には良いものと悪いものの観点がさまざま存在するであり、そのため、私たちはそれらを個別に目を配り、評価すべきなのです。

ここで一点、どうしても言及しておきたいことがあります。それは、これらのなかには目に見えるものと、そうでないものがあるということです。目に見えるものであれば、判断が下しやすいでしょう。特に点数や勝ち負けや合否が出るような結果は一目瞭然です。しかし、目に見えるものだけがすべてであり、それで一切のことが分かったかのような態度をとることは、越権行為であり、思考の怠慢なのです。

例えば、他人の動機の質や考え方というのは、まず目に見えません。するとここで、「目に見えない以上、評価することができないじゃないか？」といった疑問の声が上がるかもしれません。確かに、十全的には知りえないでしょう。そのため、断定することは慎むべきです。ただ、ひとつの行為では難しいでしょうが、その人間をじっくり観察したり、その人本人、または、周りの人とやり取りすることで、推測することくらいはできるはずです。むしろ、ここで私が強調したいことは、そういった相手の内面を（決めつけるのではなく、さまざまな可能性を考えながら）知ろうと努力することの大切さです。

人の上に立つ立場の者（親や教師や上司）であればなおさら、世の中には多様な観点があり、価値があること、そして、目に見えるものと見えないものがあり、決して見た目や印象や感覚に流されることのないように意識を払ってほしいと思うのです。

※42　関連したおもしろいエピソードがあります。カント生前の最後の言葉が、「これはよい」（Es ist gut）だったのです。この「よさ」がいかなる意味であったのかについて、いくつかの解釈があるのです。一番聞こえがいいのは、自分の臨終を悟ったカントの「私の人生はよかった」というものです。別の解釈は、ワインを水で薄めたものを口にした直後であったことから、その味に対する感想、「これはよい（おいしい）」というものです。これも悪くはないでしょう。さらに別の解釈もあり、カントには、もう何かを飲み込む力すら残っていなかったため、一応口はつけたものの「これはもうよい（もういらない）」の意味であったというものです。これだとちょっと情けない感がありますね。いずれにしろ、「よさ」を探究したカントの最後の言葉が「よい」だったというのは、よくできた話だと思うのです。

サン＝テグジュペリ作『星の王子さま』に出てくる有名な言葉にあるように、むしろ大切なもののほど実は目には見えないのです。そのことを忘れないでほしいと思います。

悩み❽「やさしさ」とは？

人から「やさしさがたりない」と言われました。でも、やさしいとか、やさしくないとか、生まれつきの性格によるものであって、今さらどうにかできるものでもないと思うのですが、どうなのでしょう？

そもそも「やさしい」とはどういうことなのでしょうか。

辞書的な意味では「情深い」「情がこまやかである」[※43]ということのようです。しかし、人が情が深いか、情がこまやかであるかということは、どのようにして見分けることができるのでしょうか。

個人的にはこれは、「気が利く」に近いのではないかと思っています。こちらは辞書的な意味だと、「その場に応じた適切な判断が素早くできる」「心が行き届く」[※44]ということになります。相手が望んでいることを察することができ、適切に対応することができることと理解できるでしょう。これであれば、見た目によって、ある程度は推し量れると言えるのではないでしょうか。例えば、両手に荷物を抱え、ドアの方向に進んでいる人が目に入った際に、咄嗟にドアを開けてあげるような振舞いは「気が利く」と言えるでしょうし、また「やさしい」と表現することもできるでしょう。

このような人であり、性格でありに、徳を見出すのが古代ギリシャの哲学者、アリストテレスです。彼はアレテー、あえて日本語に訳すと「卓越性」のうちにそれを見出します。相手の求めていることを瞬時に察することができる人は「卓越性」を備えていると言えるでしょう。また、「卓越性」に含まれるもののひとつに、「中庸」が挙げられます。それは、冷淡なわけでも、過保護・過干渉なわけでもなく、その間のバランスのとれた、やさしい状態のことです。このような人間は確かに、「よい」人間のように思えるかもしれません。

しかし、冒頭の悩みにあるように、「やさしい」とか「気が利く」というのは、かなりの部分が生まれ持った性格によって決まってくるのではないでしょうか。[※45]もし、生まれつきの性格によっ

※43 『広辞苑』(二〇〇五年)、「やさしい」の項。
※44 同書、「気が利く」の項。
※45 アリストテレスにはそういった傾向(生まれ持った徳という考え)が顕著ですが、ショーペンハウアーなどはさらにラディカルで、性格というものは生まれつき決まっているものであり、自分の意志によって変更することなどできないとしています。私たちが道徳的善をなすか、悪を犯すかはあらかじめ定まっているという決定論の立場をとるのです。

て道徳性がかなりの部分決定してしまうとすれば、ずいぶんと酷な話のように思えます。

また、もう一点議論になりそうな点は、先ほど挙げた、ドアを開けてあげる行為に絡めて言うと、それがたとえ見返りや下心に発したものであっても、依然として「気が利く」「やさしい」と表現できるかという問題です。特に「やさしい」に関しては、かなり苦しいのではないでしょうか。

さて、ここでカントが何を言うだろうかということですが、前節の話の内容から、ある程度は察しがつきます。「やさしい」という性格については、カントの言う「気質の良さ」に分類できそうです。彼自身が、例として、勇気、果断、根気などを挙げています。また、「気が利く」という点に関しては、「才能面の良さ」に分類できるでしょう。カントは実例として、理解力、機知、判断力などを挙げています。カントは、これらを紛れもなく「良い」(gut)[※46]もの、「望ましい」(wünschenswert)[※47]ものと見なすのです。ただし、道徳的な善さからは区別するのです。

ここに私は、カント倫理学の利点を見るのです。——すでに前節において、道徳的善さ、才能面の良さ、気質の良さ、運の良さなどを個別に評価すべきことについて触れましたが、ここで強調したいのは、道徳的な善さであるところの非利己的な動機の価値をそれ単体で評価できる点です。他方で、卓越性を徳と見なすアリストテレスを起源とする徳倫理学や、また、結果を重視する功利主義などは、その多くが行為者の動機の質に関心を払わないのです。つまり、評価不能なのです。[※48]

では、カントにとっては「やさしさ」は、「気質の良さ」に分類され、つまり、生まれ持った気質によって決するのであり、個人ではどうにもできないのかというと、そういうことではありません。できることはあります。※49 そして、それは二つのレベルに分けて論じることができます。「やさしさ」というのは感情です。感情とは、それが湧いてくるようにコントロールすることはできません。そのため、このような自分ではどうにもできないことが倫理的義務となることはありません。しかし他方でカントは、「親切の義務」なるものがあると言うのです。※50 カントはそれについて以下のように説明しています。

他者に対して、その人たちのことを好きであるのかどうかに関わらず、自身ができる範囲で、親切を施すことは義務である。※51

※46 Ak IV 393.

※47 Ibid.

※48 例えば、功利主義の立場をとりながら、「動機も無価値だとは言わない」などといった「アリバイ作り」のような一言が添えられ、しかしながら、それ以上の具体的な説明は一切しないというような態度を目にすることがありますが、本来それを言うのであれば、結果そのものの価値と動機の価値の関係性やバランスなどについて明らかにする義務が生じるはずです。

※49 カントの定義によると、「気質」というのは生まれ持ったものであり、他方で似た用語として、「性格」というものもあり、こちらは道徳的に開花できる部分もあるとされています。(Vgl. ibid. VII 285)「やさしさ」にも、生まれ持った部分と、道徳的に開花できる部分とがあると言えます。

※50 同じように、「感謝」や「同情」も感情であり、義務たりえないものの、それぞれ「感謝の義務」や「同情の義務」が存在するというのです。そして、これら「親切」「感謝」「同情」は広い意味では「愛」に含まれ、これまた「愛」を持つ義務は存在しないものの、「愛の義務」は存在するという理屈です。(Vgl. VI 452ff.)

「親切の義務」というのは、自分がその人を好きだからとか、自分が尽くすのが好きだからといった感情を根拠（主観的根拠）にするのではなく、定言命法によって、人に尽くすことを道徳法則と見なした上で、それを根拠（客観的根拠）をもとに行為することをいうのです。そこには道徳的善性が認められることになるのです。そして、このような行動ができる者のうちに「やさしさ」を見出すことができるでしょう（ただし、実際に他者がそこに「やさしさ」を見出すことができるかどうかは別問題になります）。

これは「やさしさ」が道徳的善に直接結びつくケースです。加えて、道徳的善性はないものの、そこにつながるという意味で、間接的な意義が見出せるケースもあります。具体的には、「やさしさ」の感情が湧いてくるような環境を意図的に作り出すことです。カント自身は、「やさしさ」そのものではないものの、類似の感情である、共苦や共感を例に、以下のように言うのです。

我々のうちに宿る共苦の自然的（感覚的）感情を陶冶し、それを道徳的原則および、それに即応する感情にもとづいて共感するための十分な手段として利用することは、やはり他人の運命に能動的に共感することであり、それゆえ間接的な義務である。[※52]

定言命法は、他者の立場に立って考えることを求めるわけですが、極端な話、まったく他者と関わらない、そこまでいかなくとも、あまり他者と関わらないような生活を送っていれば、社会的弱者がどのような状況下にあり、何を必要としているのか見当がつかず、自分に何ができるのかもよく分からないでしょう。それでは絵に描いた餅です。結局、何もしないということになりかねません。

そうならないように、カントは、私たちには社会的弱者[※53]と積極的に接する義務があるというのです。これは倫理的義務の履行を促すという意味で、間接義務のひとつに数え上げられるのです。私自身の経験談を話すと、自分が子供を持つ前は、子供や子育てしている親がどのような困難を抱えているのか、よく分かっていませんでした。しかし、自分が子供を持ち、子育てをするようになり、また、子供の友だちの親と接するようになり、子供やその親たちがどのような困難を抱え、何を求めているのか、以前に比べてよりよく察することができるようになったのです。そして、実際に積極的に手を差し伸べることができるようになったのです。

同じように、例えば、老人や障害者などに積極的に触れることによって、より彼らの立場に立って、考えられるようになるはずなのです。つまり、私にはそうする義務があるのです。

この文章をここまで書いた段階で、一度原稿を担当者に送りました。そして、そのレスポンス

※51　Ibid. VI 402.
※52　Ibid. 457.
※53　Vgl. ibid. カントは具体例として、極貧の人、入院している人、前科者などを挙げています。

を待っている間に、うちの子供がたまたまダウン症の子供と仲良くなったのです。私自身がその子供と、また、その親と接する機会が増えました。それによって、いろいろと気づきがあったり、学びがあったりするのです。今後も積極的に関わっていこうと思っています。

私は感情が豊かなわけでも、気が利く方でもなく、そのため、あまりやさしい人間とは言えないかもしれません。しかし、だからこそ、自分のうちに欠ける点については、それを補う努力をしなければならないと自覚しているのです。

悩み❾ 自分と他人を比較してしまう、ねたんでしまう

どんどん出世していく同期と、行き詰っている自分を比べてしまい、その度に自己嫌悪に陥ります。よくないことだと頭では分かっているのですが、うまく自分のなかで切り替えができません。

前々節と、前節において、世の中にはさまざまな観点があり、それぞれを個別に評価すべきという話をしました。例えば、道徳的善であるところの動機の善さ、才能面の良さ、気質の上での

良さ、運の良さなどです。

ここでは、その話をもう少し深く掘り下げてみたいと思います。具体的には、やろうとすれば必ずできることと、そうでないものを意識するという視点についてです。カントは、道徳的善、つまり、善意志という動機から行為することは、それをやろうと意志さえあれば、必ずなすことができるというのです。彼自身は以下のような言い方をしています。


＝人間は、このことをなすべきであるがゆえに、これをなしうる。[※54]**＝**

道徳的善のためには、一部の人のみが有する才能や気質、ならびに、偶発性が伴う運や結果などは必要ないのです。考えることも、決断することも、意志することも、自分の内部で完結することであるために、その気さえあれば、必ずなすことができるのです。この道徳的善への道は万人に開かれているという点に、私はカント倫理学の大きな魅力を感じるのです[※55]。

他方で、カントが道徳的善以外のものとして、よいものと見なす才能における良さ、気質における良さや、運の良さについては残念ながら、意志したからといって、手に入るわけではないのです[※56]。そこには必ず偶発性（つまり、自分の力ではどうにもならない側面）が絡んでくることになるのです。

※54　Ibid. VIII 287.

本節冒頭にあるような、出世できるかどうかということは、自分の力だけでどうにかなるものではないものの典型と言えます。たとえ高い才能やすぐれた気質を備えていても、運というピースが欠けていれば、結局出世できないのです。

このように、私たちが生きていく上で、自分の力でどうにかできることと、必ずしもそうではないことがあるのであり、両者を区別することであり、その切り替えが大切になってくるのです。

ここで、その切り替えが非常に上手に見える二人の人物を紹介したいと思います。それは元プロ野球選手であり、MLBプレーヤーであった、イチロー選手と松井秀喜選手です。

まずはイチロー選手です。彼は毎年のように首位打者争いをしていた当時、そのタイトルへのこだわりについてメディアに聞かれると、必ず以下のように答えていたと言います。

他人の打率は、僕がコントロールできるわけではないから、意味のない問いですね。※57

どうすれば自分の打率を上げられるか（もっとヒットが打てるか、もっと四球を増やせるか）ということについては考え、努力することができるでしょう。他方で、首位打者がとれるかどうかというのは、他者との比較になります。いくら自分が好成績を残しても、他の打者がそれを上回ってしまえば、本人はどうすることもできません。他者のことはコントロールすることができないので、それについて考えても仕方ないでしょう。

他人との比較については、カントが「人間性の素質」の文脈において的確に語っています。

> **人間性の素質は自然的であるが、しかしなお比較する（そのためには理性が必要になる）自愛という一般名称に集約することができる。これはつまり、他人との比較においてのみ自分を幸福であるとか、不幸であるとか判断する自愛である。この素質からは、他人の評価のうちで自分にある評価を与える。〔中略〕ここから次第に、他人を越えた優越性を獲得しようという不当な欲望が発現する。**※58

※55　この「確実性」に関する異論として、自分の動機ですら深いレベルでは十全的には知りえない、そのため自分でも知りえないレベルで利己性が潜んでいる可能性を否定できないといった批判があります。しかも、実はカント自身がそのことを認めているように見える箇所すら存在するのです。(vgl. ibid. 284) では、私たちは自らの道徳的善性について知りえないのかというと、そういうことではないのです。カントはこの点について厳密には以下のように表現しているのです。「人は義務概念の純粋性を求めて努力していることを自覚することができるのであり、また、それはなしうるはずなのである。義務を遵守するには、それで十分なのである。」(ibid. 285) つまり、カントは、自分でも知りえない深層心理だの、真の動機なるものを問題にしているわけではないのです。自分が善意志から行為しようと努力していることの自覚があれば、それで道徳的善にとっては十分なのです。脳科学の成果に鑑みた客観的に観察可能な非利己性のようなものが問われているわけではないのです。この確実性への疑義の問題に関しては、後ほど（第二部「疑問六」や「疑問一五」において）繰り返し論じることになります。

※56　カントは「才能」に関して、生まれ持ったものであるとしています。(Vgl. ibid. VII 220)「気質」に関しては、すでに本書注五一において説明したように、こちらも生まれ持ったものとされています。

※57　西村（二〇〇三年）七月一日。

※58　Ak VI 27.

カントは、人間というものは幸福に関して自分と他人を比較しようとする願望を持っていると言うのです。しかし、他人が幸福であるかどうかなど私には分かるはずがないのです。そのため、しばしばそれは不安や疑心暗鬼につながるのです。

そして、先の願望は「他人に優越したい」という別の願望に結び付いてしまうのです。つまり、願望は増えてしまうことになるのです。そうなると当然、それを満たすことはより困難になるわけです。

またカントは、この「人間性の素質」は、しばしば自分のうちに「嫉妬、忘恩、他人の不幸を喜ぶ気持ち[※59]」といった否定的な感情を呼び起こすというのです。イチロー選手の発言に絡めて論じると、首位打者争いをしている他の打者の成績が落ちることや、ケガすることを願うようになってしまうのです。そんなこと（ばかり）を考えていたら、肝心の自身のパフォーマンスの方が疎かになってしまうでしょう。つまり、自分自身が下降することにつながるのです。

また、松井秀喜選手は当時ニューヨーク・ヤンキースという人気球団に所属していました。特に入団一年目の春先は、打球が上に上がらず、ゴロばかり打っていました。そのため特に地元メディアによって猛烈なバッシングを受けていました。そんななか、松井選手は日本のメディアに対して以下のように答えていたのです。

＝人の書く記事を、僕はコントロールできません。だから、気にならないですよ。[※60]＝

短い文章ですが、ここから私には松井選手の強い意志が読み取れるのです。つまり、自分のできることのみに専念し、努力するという強い意志です。

イチロー選手も松井選手も、実力があることは言わずもがなです。加えて、自分でできることと、そうではないことを明確に意識し、自分の頭のなかでその切り替えがうまくできていたために、実際に実力を発揮することができたと言えるのではないでしょうか（逆に、これがうまくできなければ、いくら実力はあっても、十分に力を発揮することはできないでしょう）。

私を含めた大多数の人たちは飛びぬけた才能があるわけではないと思います。そうである（つまり圧倒的な才能によってカバーすることができない）以上、より心の持ちようが重要となってくると言えるでしょう。具体的には、自分の力でどうにかできることと、そうではないことの線引きをして、頭を切り替えて、適切に対応するということです。

※59　Ibid.
※60　西村（二〇〇三年）七月一日。

悩み⑩ 他人を利用するつもりなどないのに

「お前は自分にとって都合のよいときだけ顔を出す」「俺を利用しようとしているだろ」などと言われました。そんなつもりなどないのですが、どうしてそんな風に思われてしまったのか、自分でもよく分かりません。

本書の「悩み①」においても取り上げた、人から嫌われることに関わる悩みと言えるでしょう。誰しも、自分が他人から都合の良いように利用されていると感じたならば、いい気はしません。そのような行為は当然、慎むべきということになります。

それが倫理的に許容されないものであることは、定言命法によっても説明することができます。――「私は他人（もしくは特定の人間、○○さん）を自分が困ったときだけ利用する」という行為原理が普遍化された世界が望ましいものであるかどうか吟味してみた場合、このテストをパスすることはできないでしょう。そのことは、この原理が道徳法則に反するのであり、そのため遵守すべきでないことを意味するのです。

ここでは、この種の定言命法を、格率の普遍化可能性が問われているために、「普遍化の定式」と称しておきます。このような言い方から察しがつくと思いますが、定言命法には別の定式も存在するのです。その別の定式でも、今回のケースについてうまく説明できるので、ここに紹介しておきたいと思います。カントはそれを以下のように定式化しています。

汝は汝の人格、ならびに、あらゆる他人の人格における人間性を常に目的として使用し、決して単に手段としてのみ使用しないように行為せよ。[※61]

この定式を「目的の定式」と呼んでおきます。ここで注意してほしいことは、カントは他者に助けてもらう、手を貸してもらうことが、他者を利用することになるのでけしからんと言っているわけではないということです。もしそれが「部分的」にすらいけないということになると、私たちの行為の多くはそれに該当することになってしまうでしょう。カントが言っているのはそういうことではなく、他者を単なる手段としてのみ用いることであり、部分的に手段として用いることは否定していないのです。私たちはそれぞれもたれ合い、助け合って生きているのです。それでいいのです。

「人格を単なる手段としてのみ扱うな！」と言っても、本当に相手が私を単なる手段としてのみ見なし、扱っているのかどうかについては、人の内面に関わることであり、断定することはできま

※61　Ak IV 429.

図2 定言命法とは

定言命法
絶対的な（自身の都合に関わらず発せられる）命令
普遍化の定式
格率が普遍化可能であるべきことを命じる
目的の定式
人格を単なる手段として
扱わないように命じる

せん。ここから、自分が働きかける側と受け手の側の両面から、教訓を導くことができます。

①自分が他人を単なる手段として扱わないことは当然として、そもそも扱っているように見なされない、勘違いされないように注意すべきなのです。例えば、挨拶もなしに用件だけを伝えて、それが終わったらすぐに立ち去るような人がいます。実は私自身それに近いことをしてしまい、相手から無礼であることを指摘されたことがありました。私は恥ずかしながら、言われてから「もっともだ！」と納得したのでした。

このような場合、意図的に他者を単なる手段と見なしたわけではないので、道徳的悪ではありません。「悩み⑤」において、「普遍化の定式」と絡めて、道徳的悪が必ず自覚的なものであり、自分でも知らない間に犯していたなどということはありえないことについてはすでに触れました。「目的の定式」においても同様です。現実に人格を手段としてのみ見なしていることと、例えば、そのときの私のように、余裕のなさから振舞いがそう見えてしまうことの間には決定的な違いがあるのです。すぐに余裕をなくす、すぐに焦ってしまうのは、私の悪いくせで、そんなときほど私は、相手への配慮が欠けていないか、意識するよう努めるべきなのです（なかなかうまくいきませんが……）。

このようなことは実際には、上司と部下のような関係によく見られるのではないでしょうか。自分が指示を出したり、統率したりしているなかで、人を駒のように扱いがちになってしまうからです。すると、部下に「人間として扱われていない、奴隷かロボットのように扱われている」といった印象を持たれてしまうのです。上司には部下にそう思わせないように気を配ることが求められるのです。

②ここまでの話の流れで、今度は自分が部下の立場であると考えてみてください。たとえ上司が自分を単なる手段として見なしているかのように見えるとしても、決して実際にそう見なしていると決めつけないようにすべきなのです。この辺りの話は、「第二の原則」、つまり、相手の立場に立って考える、それも多様な立場に立って考える姿勢と関わってきます。なぜ上司がそのような行動をとっているのか（とってしまっているのか）、決めつけることなく、さまざまな可能性について考えるという言い方もできます。自覚的に他者を単なる手段を見なしているようなことはむしろ稀であり、たいていの場合は、その人の余裕のなさ、気遣い不足などからきているのではないでしょうか。受け手の側も、事を必要以上に大きくして、あらぬ方向に向かうようなことがないように、細心の注意を払う必要があると言えます。

悩み⑪ パートナーに不満

夫は仕事ばかりしている。家事や育児はほとんどしてくれない。優しい言葉をかけてくれるわけでもない。とても不満です。

これも一見したところ、「目的の定式」に関わる悩みのようにも見えます。もし夫が妻について、家事や育児をしてくれるのが当たり前で、人間として尊重しておらず、単に便利屋のように見なしていたとすれば、それは道徳的に許容できません。ただ、そう見えるだけで、夫にはそんなつもりはないかもしれません。もっと言えば、妻の方にも同じようなことが言えるかもしれません。例えば、夫の方は妻に、働いて家にお金を入れるだけの存在と見なされている可能性だってあるわけです。

というのも、私がこの悩みを実際に耳にしたときに、「夫は私のために十分に尽くしてくれない」という嘆きに聞こえたのです。そして私の頭には「では、あなたは夫のために十分に尽くしているのですか？」という疑問が浮かんだのです（それをそのまま口にはしませんでしたが）。要するに、私には瞬時に「お互い様なのではないか？」という疑念が湧いてきたのです。

自分が相手に対して持っている不満と同じ不満を相手も持っているというケースは少なくあり

ません。実のところ私自身にも似たような経験があるのです。例えば、妻の私への態度であったり、言葉使いであったりがきついと感じ、そのことを指摘したところ、妻からは私に対してまったく同じ印象を持っていたという反応が返ってきたのです。そして、じっくり話してみると、お互いにいろいろと思い当たる節があったのです。つまり、お互い様だったのです。

それ以降、妻に限らず他者の態度のうちに不満があった場合には、私は自分が同じことをしていないか自問するようになりました。または、なぜ他者がそのような態度をとるのか、その原因が自分のうちにないか疑うようになったのです。するといろいろと先回りできるようになったのです。

人間というのは、どうしても、自分の立場から物事を眺め、考えがちなのです。しかし、そこにずっと留まっていると、勝手に偏ったイメージを作り出し、それが膨張していくということになりかねないのです。人間とはどうしても、「自分は正しい」「相手が悪い」という方向で考えがちなのです。しかし、そんな状態では、他者と折り合いをつけるのは難しいでしょう。

それを避けるためには、これまでの話の繰り返しになりますが、私たちは、自分の殻に閉じこもって考えるのではなく、「第二の原則」に従って、自分が他者からどう見えているか、自分が他者の立場だったら、第三者が見たら、などと考えてみるのです。それによって、これまでとは違った景色が見えてくるのです。それによる気づきがあるのです。

または、思考実験だけではなく、先ほど紹介した、私と妻とのやり取りのように、実際に自分の意見を表明する、また、他者の意見を聞いてみるという態度も有効でしょう（関連することは、後ほど「悩み⑬」の注71参照）。それによって、知らなかった（より確実な）情報が得られる、相手の考えを知ることができる、ひとりで考えていたならば気づかなかったことに気づけるといったことがあり、より適切な対応に結びつくのです。

「悩み⑤」において傾向性の話はしました。それはいわゆる利己的な感情のことです。考えることを怠ることも、考えたとしても自分の立場からしか考えようとしないことも、そのような一方的な立場から自分が「正しい」と言い張ることも、傾向性によるものと言えます。ここで、傾向性の持つ、ひとつの特徴について触れたいと思います。それは、その際限のなさです。カント曰く、

傾向性とは変化するものであり、すなわち我々がそれに与える愛顧と共に増大し、我々が満たそうと考えたよりもさらに大きな空虚さを常に後に残すのである。※62

人というのは、どうしても他者に期待してしまうのです。自分が努力するよりも、人に努力してもらう方が楽だからです。油断をしていると、「あれもしてほしい」「これもしてほしい」という気持ちが大きくなっていくのです。

しかし、そんな態度を見せられた相手からすれば（相手には相手なりの言い分があり）、「こんだけや

っているのに」「いくらやっても切りがない」となるでしょう。これでは関係がうまくいくはずがありません。

私たちは、自分自身がそうなっていないか（つまり、求める気持ちばかりが先走っていないか）、しばしば自省してみる必要があるのです。もちろん私自身も含めて。

悩み⑫ 正直者はバカを見る？

世の中を見ていると、正直者はバカを見るように思えてきます。なんかやるせない。

端的に答えると、確かに不誠実に振舞ったことで利益を得て、正直に振舞ったから利益が減るということはあるでしょう。ただ、そうなることもあるだろうという話であって、必ずそうなるわけではないはずです。

※62 Ibid. V 118.

カント自身が、同様の問題と絡めて論じている箇所があるので、参照してみましょう。[※63]――私がある人からある物を預かっているとします。しかし、それを預けた人は、そのうちに亡くなってしまいました。私はそのことを知り、そして、その人に親族がいることも知っています。だとすれば、私には親族に寄託物を返却する義務を負うことになります。ただそこで、私の頭のなかには、ある思いがよぎるのです。――「親族は寄託物のことを知らないかもしれない、そのため何も言ってこないかもしれない」「寄託物は高価なもので、このまま私のものとなれば、私にとって大きな利益となる」と。

もし、あなたが同じ立場なら、どうするでしょうか。

「悩み⑦」以降、世の中には自分の力でどうにかできることと、必ずしもそうではないことがあり、結果というのは後者の典型であるという話をしてきました。その流れでカントは、何が自身の幸福に資するかという問いには、必ず不確定要素が付きまとうために、「右往左往することになる」[※64]「効果を期待しても、甚だ不確実」[※65]「理由と反対理由とのややこしい縺れから脱して、損得の差引勘定を誤らないためには、頭がよくなければならない」[※66]などと述べているのです。ここでカントは、未来を見通せるためには「頭がよくなければならない」と表現していますが、これは皮肉であり、そんなことは有限な能力しか持たない人間にできるはずがないのです。

先の例にあるような、寄託物を返却しようとしない人の有している格率とは何なのでしょうか。「本来は他人の物でも、その証拠がない場合には、自分の物としてしまう」ということでしょうか。[※67]

確かに一回や二回であれば、それでうまくいくかもしれませんが、そんなことがいつまでも続けられるわけがないのです。何度も同じようなことを繰り返していれば、そして、その都度うまくいけば、次第に気が大きくなってしまい、自らの行いが露見する可能性は高まっていくことでしょう。バレてしまえば、当然のことながら自身にとって不利な結果を招くことになります。一度失った信用はなかなか取り返せません。

対照的にカントは、倫理的には、自分がどうするべきかは容易に導き出せると言うのです。ほぼ同様の趣旨の文面は「悩み①」注19にも引用しましたが、カントはこの寄託物の例に絡めても、以下のように述べるのです。「何が義務であるかを自問すれば、彼はこれに対する自答にいささかも惑うことなく、自分が何をなすべきかについて立ちどころに確認できる[※68]」。

ただ、正直に寄託物を返却することは、預かっていた本人にとってはマイナスでしかないように思えるかもしれません。しかしカントは、そうではなく、プラスに作用する可能性も十分にあ

※63　Vgl. ibid. VIII 286ff.
※64　Ibid. 287.
※65　Ibid.
※66　Ibid.
※67　関連することとして、私は最近自転車を盗まれたのですが、盗んだ人はそれでどれだけ幸福感が向上したのでしょうか。その者は、私の安物の自転車を手に入れたところで、もっと大切なものを失っている（これから失う）のではないでしょうか。
※68　Ibid.

ると言うのです。例えば、寄託物を返してもらったその親族が自分たちが目にした正直な振舞いに感激し、周りにそのことについて話し、その結果、私自身の評判が高まる、延いては、それが大きな利益となって返ってくるといったことです。

この気づかれるかどうか、バレるかどうかといった話に関連して、不誠実な人間というのは、自らの論理破綻であり、その根底にある自己愛の存在についてバレてほしくないと思い、それを実際に「主観的根拠」にして、バレていないものと思い込むことができる人間のことなのです。しかし実際には、不誠実性というものは隠し切れるようなものではなく、必ず周りに伝わっていくのです。当然、それはその者にとってマイナスに作用することになるのです。[※69]

反対に、できる限り「客観的根拠」にもとづいて振舞っていれば、その内面も否が応でもにじみ出てくるのであり、見る人が見れば分かるのです。そうなれば当然、そのことは本人にとって有利に働くことになります。プライベートであろうと、仕事であろうと同じで、人間というのは、誠実な人と付き合いたい、そして、そういう人にいい思いをしてほしいと願うものなのです。

経済や経営の世界の諺で、「損をして得を取れ」というものがあります。今日では、こちらの表記が一般的ですが、これはもともとは「損をして徳を取れ」だったという説があります。このことが示しているのは、正直な生き方は、仮に短期的には損をしているように感じられることがあったとしても、長期的には往々にして自身の利益に資することになるということです。シビアな金勘定の世界であっても、その根底には倫理や徳が不可欠であることを示してると言えるでしょう。

　経済や経営と倫理や道徳の両方に関わりそうな例を挙げると、経営者側が従業員を酷使すれば、短期的には利益が上がるかもしれません。しかし、従業員を酷使し続ければ、体調を崩す者が出てくるでしょうし、不満も溜まってくるでしょう。そんなことをしていれば、長期的にはうまくいかなくなる可能性が高まることになります。反対に、目先の利益よりも従業員が気持ちよく働ける環境を作ることを大切にした方が、長期的にはうまくいく可能性が高まるのではないでしょうか。

　ここまでの私の話を聞いても、それでも依然として、「正直者はバカを見る」「不誠実者は得をする」とお思いでしょうか。ぜひ近視眼的ではなく、鳥瞰的な視点から再考してみてください。

※69　本当にしょうもない人は、この箇所を読んで急に不安になり、自分の利己性がにじみ出ていないか他人（とりわけ立場の弱い者）に真顔で尋ね、相手がはっきりと言えない姿を見て安心するという愚行に及ぶのです。

悩み⑬ 学問をする意味

大学に通っていますが、大学の勉強が何の役に立つのかまったく分かりません。大学で勉強することの意義とは何なのでしょうか？

もうだいぶ昔のことになりますが、二〇世紀の最後、ノストラダムスの終末論が騒がれていた頃に、私は大学に入学しました。哲学科というところで、私は自分が善く生きるため、世の中をよくするための糧を得たいという思いから、積極的に倫理学系の授業を履修しました。

ところが、実際に授業に出てみると、私がイメージしていたものとは、かなりの隔たりがあったのです。その内容というのは、「○○は、××論を唱え、△△と言った」といった知識の羅列が中心で、その知識が現実の私たちの生き方にどのように活かせるのかまったく見えてこないものばかりだったのです。

そこで当時の私は、教官に倫理学を学ぶ意義について尋ねて回ったのです。そこで返ってきた答えは以下の二つのうちのどちらかでした。「倫理学なんて何の役にも立たない」といった投げやりな答えか、もしくは、こちらの質問をはぐらかして正面から答えてくれないというものでした。

また、知識重視という話に関連して、学期末試験にしろ、レポートにしろ、教官が話した内容を正確に理解し、まとめたような学生が良い点数であり、成績を取れるシステムでした。なかには受験勉強のような選択式の学期末試験までありました。しかし、はたして大学とは、人から言われたことを理解し、それを淡々とこなす態度を身につけるための場なのでしょうか。

この問いに対するカントの答えは明確です。

カントは学生に向かって、「諸君は私のところで哲学を学ぶのではなく、哲学することを学ぶだろう。単に口真似をするだけの思想ではなく、思考することを学ぶだろう」と絶えず繰り返した。一切の盲従は、彼が心から厭うものであった。[※70]

カントはここで「哲学を学ぶ」と「哲学することを学ぶ」を区別しています。前者は、他人の言ったことを理解するに留まるものであり、後者は、その上で自分の頭で考えることを意味するのです。

カントは晩年には、ドイツ全土にその名が轟く大哲学者になっていました。そのため、彼のもとには、彼に無批判に従う者たちがたくさん集まってきたのです。しかし、彼自身はそんな現状にうんざりしていました。イエスマンだけ集まっても、生産的な発言や議論を期待することはで

※70　Borowski/Jachmann/Wasianski (1912), S. 86.（邦訳）ボロウスキー／ヤッハマン／ヴァジャンスキー（一九六七年）、一〇二頁以下。

きないためです。カントからしてみれば、自分で考える力のない学生が「カント学徒」として世の中に出ていくことに我慢ならなかったのです。

つまり今も昔も同じような問題が横たわっているのです（ただ後述するように、私はドイツの現状は日本よりマシであると思っています）。大学とは本来、学問をするための場であり、それは自分の頭で主体的に考えるためのスキルを身につけ、陶冶する場であるはずなのですが、常にあるべき姿で機能しているわけではないのです。

では、学問に必要な姿勢とは、具体的にどのようなものなのでしょうか。

私自身も学部生の頃はよく分かっていませんでした。当時の私は「論文の書き方」といった文言のついたタイトルの本を読み漁ったのですが、よくそこには自分の意見を示すべきことが書かれていました。しかし、最初のうちは私のなかに「論文というのは主観ではなく、客観を示す場ではないのか？」という思いや疑問があったのです。分かりやすく今風に言えば、私は「それってあなたの感想ですよね？」ではダメだと思っていたのです。

もっとも、主観だけではダメというのは間違っていません。なぜダメなのかというと、主観だけ、つまり、誰の考え方も参照せずに、ひとりで考えて、論を組み立てるとなると、偏りや誤りが介在する可能性が高くなるからです。対照的に、多くの人の考え方を参照にした上で、みんなで考え、論を組み立てた方が、偏りや誤謬の介在する可能性は低くなるわけです。

とはいえ、みんなが認めたことであれば、それが事実であり、真理であるかというと、それも違います。みんなが誤解する、流されるということも十分に起こりうるからです。「はじめに」において、「名声の先入観」と絡めて話したとおりです。

関連することとして、カントは誤謬について説明するのに、しばしば仮象《かしょう》という概念を用いました。これは「仮《かり》」の「象《かたち》」という漢字が示すように、本当はそうではないものを、そう受け取ってしまうことです。例えば、私たちが生活している地球が動いているようには普段は感じられません。そのため大昔の人たちは地球は不動だと信じやすかったのです。しかし、当然と言えば当然ですが、実際には感覚が真実を正確に受けとるわけではないのです。

このような仮象に騙されることのないようにするには、私たちはどうしたらいいのでしょうか。カントは以下のように答えています。

真理の外的な徴表、もしくは、外的な試金石は、われわれ自身の判断を他人の判断と比較することである。それは主観的なものが、すべての他の人々と同じ仕方で備わっているわけではないためであり、従って比較によって仮象が明らかにされうるからである。[※71]

引用文では、他人の判断との比較ということで、現実の対話が意図されているように読めます。

※71　Ak IX 57.

他者との対話も学問には必要であり、有効な手段でしょう。また、それに加えて、ここでは自らの頭のなかで他人の立場に立つ思考実験としての対話も念頭に置かれているのです。そのことはカント自身が先の引用文のすぐ後に、「自分を思考において、他人の見地に移し置いてみるという行為原理を拡張された思考法」※72と表現していることからも明らかです。まさに「第二の原則」のことが意図されているのです。

その典型をカントは、天文学者コペルニクスのうちに見るのです。カントは自身の主著である『純粋理性批判』において、学問（形而上学）がコペルニクスの方法に則るべきことを説きました。コペルニクスとは言わずもがな、地動説（太陽中心説）を唱えた人ですが、彼も若い頃は、天動説（地球中心説）を信じており、その正当化を試みていたのです。ところが、いくらやっても説明がつかないことが多過ぎる、そこで発想を逆転させたところ、つまり、地動説を前提して考えてみたところ、それまで説明がつかなかった多くの事象について、途端に説明がつくようになったのです。ここに学問的な態度の雛形を見ることができるのです。つまり、正反対の立場を含めた、さまざまな視点に立って考えてみる、その上で、帰結を導き出すのです。それによって、より耐性を備えた理論を導くことができるのです。

学問というものは、主観だけでもダメだし、客観だけでもダメなのです。確認までに、ここにまとめると、主観だけだと、独断的になり、偏りや、誤りが紛れ込みやすくなるのです。反対に、客観だけだと、みんなが誤っている可能性があり、その場合に、主観（私）がチェック機能を果たすことができないのです。加えて、他人が言っていることを寄せ集めただけでは、オリジナリティがありません。オリジナリティがないものをいくら積み上げても、情報量は増えずに、発展しません。それでは学問にならないのです。[※73]

ここでは、カントが学問的態度の雛形としたコペルニクス的な、客観的な視点に立った上で、主観的に考え、決断を下すためのスキルを「学問的スキル」と呼んでおきます。この「学問的スキル」が誤謬を避けることにつながるのです。非常に興味深いことに、そして、以下の引用文を見れば即座に看取されるように、誤謬を避けるための術は、倫理的に振舞うための思考法と完全に一致するのです。

一般に誤謬を避けるための普遍的な規則と条件は、①自分で考えること、②自分を他人の立場において考えること、および、③いつでも自分自身と一致するように考えることである。[※74]

※72　Ibid.
※73　しかし実際には、哲学や倫理学分野では、まったくオリジナリティのない、他人の言ったことをまとめただけの仕事が「論文」と称され、評価されてしまうことがあるのです。加藤（二〇〇六年）、一〇九頁。「誰かが「カントにおける時間概念」という論文を書いたとすれば、その九九％は過去の解釈者の業績の調査であって、そこに一％の独創を加えたものが良い論文なのである。独創が一〇〇％の論文が評価されることはない。逆に独創がまったくなくとも、カントの時間概念について過去の解釈を調査して要約した論文が高く評価されることは十分にある」。

私自身も「学問的スキル」の重要性に気づいたのは、大学院に進み、ドイツに留学してからのことでした。ドイツの大学で口酸っぱく言われたのが、Pro と Contra を提示した上で、自説を展開することです。Pro とは「よい点」「メリット」「プラス面」といったことで、Contra とは、その反対に、「よくない（改善すべき）点」「デメリット」「マイナス面」といったことです。これはラテン語由来の言葉で、英語でもほぼ同じような表現で pros と cons で表現されます。英語圏の大学へ留学経験のある人にはやはり承知の事柄だと思います。

ドイツの大学では、ディスカッションをする際に、必ず良かった点と、改善すべき点の両方を伝えることが求められます。もしそれができていなければ、その点を指摘されることになります。そこでは（肯定的にしろ、否定的にしろ）一方的な視点に立って発言しないように、意識することが徹底されるのです。

また、見逃してしまいがちであるものの、実は重要な点は、その伝え方です。必ず肯定的な面を先に伝えるのです。それによって、聞き手は心を開くことができ、後から否定的なことを言われたとしても、素直に聞き入れられるのです。

これは、そういう教授がいたという話ではなく、私がドイツで経験した限りは、すべからくこの形式が守られていました（もちろん、どこにも例外はいるでしょうが）。

さらに言えば、誤謬を避けるべきなのは、学問や倫理の文脈に限りません。どこで何をするにしても必要なことと言えます。例えば、会社内で企画書を作るにしても、プレゼンをするにしても、一方的な視点からしか見ておらず、「自分がどうしてもやりたい」「自分が結果を残したい」「成功させたい」といった、いわば「主観的根拠」だけを並べたところで、周りを納得させることはできないでしょう。また、それを聞いた周りの人たちは、別の視点に立った質問や批判をしてくるでしょうが、「主観的根拠」のみに根差している人間にとっては突然想定外の発想に触れることになり、咄嗟に、まともに答えることは難しいでしょう。普通に考えれば、アイデアはボツです。そうではなく、「本当にやる意味はあるのか」「デメリットはどれだけあるのか」といった本来の自分の立場とは異なる、自分の感情に反する問いにも対峙した上で結論を導くことによって、つまり、「客観的根拠」を提示できて、はじめて自論に説得力を持たせることができるのです。そして、それができていれば、さまざまな疑問や批判にも、その場で即座に説得力を持った形で答えられるはずなのです。当然、アイデアが受け入れられる可能性は高まることになります。

このような「学問的スキル」が身についていない人物が、一般社員にいることも困ったことですが、仮にある程度高い地位に就いてしまうと、その害悪はさらに大きくなります。――私自身が一般企業や大学に勤めたり、さまざまなアルバイトをしてきたなかで、そういった上司に何度も遭遇してきました。彼らは、例えば、一方が苦情を訴えたら、事実確認もせずに、他方の意見も

※74　Ak IX 57.

聞かずに、処分を下してしまうといったことをするのです。しかし実際には、苦情を言ってきた側に過剰反応や事実誤認があり、対照的に、訴えられた側には落ち度がなかったということもありうるのです。そういった可能性についてまで考えが及ばず、ひとつの情報だけをもとにそれを信じ込み、流されてしまうような人は、本来人の上に立つべきではないのです。

このような説明を前に、裁判や法廷をイメージする人もいるかもしれません。裁判官もまさに、被告と原告側の両方の言い分に耳を傾けた上で、判決を下すことが求められます。実際、世界的に有名な日本のカント研究者である石川文康は、人間の理性にはまさに法廷の役割が備わっていることを強調するのです。[※75]

大学とは本来、正しい理性の使用の仕方を学ぶための場であり、それはつまり、物事を多面的に捉え、その上で判断を下す術を身につける場なのです。

ところが問題は、現実がそうなっていない、つまり、少なくとも管見の限り、日本では多くの大学が「学問的スキル」を身につける場として機能していないのです。自らの頭で考えることの大切さをもっとも強調しなければならない哲学科ですら、知識偏重の授業が行われているあり様なのです。

今日ではインターネットがあり、ChatGPTなどのＡＩもあり、今後はさらにその精度は上がっていくでしょう。知識を得ることはより容易になっていくはずです（このことは、知識があること自体の価値が相対的に低下していくことを意味します）。そんな時代だからこそ、膨大な情報にどうアクセスし、そこで得た知識をどう受け止め、どう考えるか、つまり、ＡＩにはできない、人間らしさが求められる（そこに付加価値が見出される）のです。

大学が、知識重視の教育を行っているのであれば、そこに意義を見出すことができない者が出てくるのも無理からぬことと言えます。大学には多くの教員がいるので、探せば「学問的スキル」を磨く意識を持った教員がいるはずです。[※76] ぜひ自分で積極的に探して、そういう人のもとで貴重な学生生活を送ってください。「学問的スキル」は一度身につけることができれば、それは一生の財産になるためです。

※75　石川（一九九六年）参照。

※76　私にとって日本で「学問的スキル」を磨くことのできた、ほとんど唯一の場と言っていいのが、現在、國學院大學教授で、当時は非常勤として来校していた高橋昌一郎先生の「科学哲学」という授業でした。これはディベート形式が中心で、そこではまさに私が先ほど触れたような、多様な立場に立ち、陰と陽の両論を踏まえた上で、自らの主体的な立場を提示することが求められました。高橋先生自身がアメリカで学位をとっていることが色濃く影響している授業でした。

悩み14 批判ばかりする人

批判しかしない人がいますが、私はよくないと思います。相手のやる気を削ぐことになるからです。人を伸ばすには褒めることも必要だと思います。違いますか？

繰り返しになりますが、私が日本で大学に通っているときには、「学問とは何か？」「その意義とは何か？」といった講釈を聞いた記憶はほとんどありませんでした。よくあった授業スタイルは、教授が学生に一瞥もくれないまま、意思疎通することなく、ただ自分が昔書いた（情報が羅列された）教科書を音読して終わりというものでした（流石にそんなスタイルの講義をする大学教員はもうないと信じたいところです）。

学期末試験やレポートで、教官が授業中に話していたことをまとめれば、成績はつくものの、具体的に、どこが良くて、どこが悪かったのかは、まったくのブラックボックスでした。一度、悪い成績がつけられたことがあり、その理由について聞きに行ったことがありましたが、まったく取り合ってもらえませんでした（先輩の話では「あの教授は答案を紙飛行機にして飛ばして、飛んだ順に成績をつけているから」とのことでした）。

卒業論文を書く際は、私は自分で指導教授のもとに何度も足を運んで、それなりに対応してもらいましたが、周りの連中は放置されているように見えました。「教授からは、何でもいいから書いて提出すれば、卒業させると言われた」というような趣旨の話を何人もの学友から聞きました。私が日本の大学から離れて、もうかなりの月日が流れていますが、継続的に、定期的に、似たような話を聞くので、それほど事情は変わっていないのではないでしょうか（いや、多少はマシになっているると信じたいところです）。

ただ学部生の頃はほぼ放置状態だった学生も、大学院に進むと学会発表などをするようになります。すると、今度は突然、洗礼を浴びることになるのです。年配の常勤の研究者が、いかにも学生風情の若者に辛辣な言葉を浴びせかける光景を私は何度も目の当たりにしました。とはいえ、学会という形式だと、その場にいる相手や他の人の顔も見えるので、「口撃」する側も、ある程度は顔色を窺うことになり、それがブレーキになります。もっと露骨なのは、人の顔が一切見えない、かつ、匿名の場合です。（志望も含め）研究者というのは論文を書いて、学会誌に投稿するのが重要な責務となります。そのなかでも、ある程度権威のある学会誌だと、誰もが論文を載せてもらえるというわけではなく、査読者と呼ばれる、その分野に精通した人が精査した上で、論文への掲載の是非が決まるのです。論文が審査つきの学会誌、それも、できる限り大規模な学会誌に多く掲載されることが、その人の学者としての評価に直結するのです。その際、結果が掲載可であろうが、不可であろうが、匿名の査読者からレスポンスが返ってきます。私の場合、そこに否定的で、辛辣な言葉ばかりが並ぶということが、そう珍しいことではないのです。まあ、私だけでなく、研究者であれば大なり小なり経験していることだと思います。査読を務めるような人というのは、学会内では一目置かれた人のはずなのですが、それでも一面的な見方しかできない（学問的なスキルが身についていない）人たちがたくさんいるのが現実なのです。

カントがそのような事態、つまり、批判しかしないような職業研究者の姿を目の当たりにしたら、きっと憤ることでしょう。なぜなら彼に言わせれば、人が真剣に考えた結果の一切が誤りであり、批判点しか見いだせないなどといったことは、ありえないことだからです。彼は以下のように言うのです。

人間の悟性が陥りうるすべての誤謬は部分的なものであって、どんな誤った判断のなかにも、常に何か真なるものが存在するはずである。[※77]

私が考え、記したもののうちには、誤りが含まれていたのかもしれません。しかし、いくらなんでも、すべてが誤りであったということはないはずなのです。そして、同じことですが、どこかしらに評価できる点もあったはずなのです。批判しか言わない人というのは私に言わせれば、一方的な見方しかできずに、本来あるはずの評価すべき点が見えなくなってしまっている人なのです。

大学で「学問的スキル」が十分に身についていない人が教鞭を執っているということは、そこから巣立って行った者たちは、普通に行けば、「学問的スキル」は身につかないでしょう。日本において、とりわけ人文系の大学院卒が、企業から評価されない理由が、まさにここにあるのです。——彼らは、プラトンだのアリストテレスだのデカルトだのについての知識はそれなりに備えているものの、それがしばしば先哲への「名声の先入観」に結びつき、加えて、学歴と年齢が高いことによるプライドが「利己的な先入観」となり、それらが自由な思考を妨げるということが起こるのです。そりゃ企業から敬遠されますよ。

他方で、私が博士課程を過ごし、それから現在に至るまで住んでいるドイツは違います。先ほども触れたような、企画書の作成やプレゼンが求められるようなホワイトカラーの仕事であれば、人文学であろうと、間違いなく学部卒よりも大学院卒が優遇されます。自分の頭で主体的に考えるためのトレーニングをしっかり積んでおり、そのための力が十分に備わっていると見なされるからです。これが本来はあるべき姿なのです。

※77　Ak IX 54.

悩み⑮ 論破できるようになりたい

他人と意見を戦わせたりするのがあまり得意ではないのですが、でも議論に勝てるようになりたい、論破できるようになりたいと思う自分もいます。

引き続き、学問に関わる悩みであり、問いと言えます。

最近「論破」という言葉をよく耳にします。そして、その「論破」が、「良いこと」「カッコイイこと」であるかのような風潮があります。子供がやたらと「論破」という表現を使い、大人が困惑するという現象まで起きています[※78]。

しかしながら、子供であろうと、大人であろうと、「論破」自体を目的にするとなると、多くの場合は「利己的な先入観」と結びつくことになります。つまり、自分が他者よりも勝りたい、自身の（立場の）正当性を押し通したいという願望が先に立ち、客観的な事実や真実はどうでもよくなってしまうのです[※79]。こうなってしまうと、当然のように、その判断は容易に誤謬に結びつくことになります。まさにカント指摘するとおりです。

＝それゆえ、誤謬を可能にするものは仮象であり、判断においては、仮象によって単に主＝

観的なものが客観的なものと混同されるのである。※80

すでに「悩み⑬」において、仮象の話はしました。その文脈ではあえて触れなかった、仮象の特徴をここでひとつ挙げると、そこには必ず「主観的根拠」が紛れ込んでいるということです。つまり仮象とは、単なる見間違いや、聞き間違いなどではなく、必ずその根底に「そう受け取りたい」という願望があるのです。そして、その願望がその人に事実を捻じ曲げて、受け止めさせるのです。例えば、地球が動いているように感じられないから地動説が受け入れにくかったというのは一面に過ぎないのです。そこには、さらに根深い理由として、当時の人々には伝統や権威に背を向けることをしたくないという思いがあったのです。※81

ここで、「何をそんな大昔の話を」という感想を持った人もいるかもしれません。しかし、これは決して過去の話などではないのです。今現在でもアメリカには天動説（地球中心説）に執着する

※78 テレ朝ニュース「「はい論破!」「それってあなたの感想ですよね?」〝マウント小学生〟増加　親は困惑」二〇二三年九月六日配信。https://news.tv-asahi.co.jp/news_society/articles/000314584.html(最終閲覧二〇二四年一二月一八日)

※79 ひろゆき（二〇二一年）、三頁参照。ただし、「論破」という言葉の火付け役であるひろゆき氏自身は自著のなかで、決して論破自体を目的にしているわけではないことを断っています。

※80 Ak IX 54.

※81 関連する似たような話は、人類が長い間、惑星が楕円運動していることに気づけなかったことです。円運動の方が美しく感じられたため、楕円という着想が持ちにくく、その着想を遅らせたのです。

人たちがたくさんいるのです。いわゆる、「キリスト教原理主義者」と言われる人々です。彼らは、これだけ科学技術が発達した現代においても、その成果を受け入れようとせず、伝統的なキリスト教的世界観を維持しようとするのです。同じ発想で、進化論も否定されることになります。そういった人たちのうちには「信じたくない」という感情が先にあるのであって、そこからそれに沿った結論を導いているに過ぎないのです。理屈じゃないのです。

ただ、アメリカのキリスト教原理主義者の例だけだと、他人事として受け止められてしまうかもしれないので、日本にも見られる例を挙げると、私たちの周りにだって、何らかの宗教やイデオロギーをもとに生きている人はたくさんいるのです。最近だと「陰謀論」や「目覚めてしまった系」も似たようなものと言えるでしょう。結局、「自分は真理の側にいる」「みんな分かっていない（でも私は分かっている）」などと信じ込むことができれば、本人としては気持ち良いわけです。

では、私たちは自らがそういった人たちに出くわしてしまった（絡まれてしまった）場合、どうすればよいのでしょうか。カントは以下のようなことを述べています。

誤謬を避けるためには、我々は誤謬の源泉、つまり、仮象を発見し、それを説明しようと努力しなければならない。しかし、それをやった哲学者は、極めて少ないのである。彼らは、誤謬の源泉である仮象を指摘することをしないで、ただ誤謬そのものだけを反駁しようとしたのである。しかし、真理のためには、このように仮象を発見することをし

ないで、ただ誤謬そのものだけを反駁するよりも、はるかに大きな功績なのである。[※82]

誤謬というのは所詮、表面的なものなのです。そのためカントは、表面的な誤謬よりも、その根底にある仮象を指摘すること、それはすなわち、その根底に潜む「主観的根拠」であり、利己性の存在を指摘することがより本質的であると言うのです。

ただ、それをしたところで、実際には指摘された者の多くは「なるほど」「あなたのおっしゃるとおりです」とはならないでしょう。カントも「主観的根拠」であり、利己性というものは、強力なものであって、そう簡単には退けられるものではないことを重々承知した上で、言っているのです。

理に合わぬことを主張する人には、この明白な虚偽の根底にある仮象さえも明白ではないからである。そんな人に対しては、我々はまずこの仮象を明白なものにしてやらねばならない。それでもなお彼がそれに固執するとすれば、むろん彼は愚かなのである。しかし、もうその場合には、それ以上その人をどうすることもできないのである。[※83]

※82　Ak IX 56.
※83　Ibid.

カントは、不合理なことを言う相手のうちに仮象があること、すなわち、利己性（そして「利己的な先入観」）があることを指摘しても、頑として認めない人がいるであろう上で、そういった人間に対して、もはや何を言っても無駄であると言っているのです。

匙を投げているように見えるかもしれませんが、残念ながら、これが事実であるように思うのです。学問的リテラシーは確かに重要です。それも客観的な情報や事実を認める気がある人にとって有効なのであって、まったくその気がない、自分の信じたいものだけを信じるつもりの人間の前では、残念ながら無益なのです。若いうちはまだ可能性があり、本来はそういった人を生み出さないための（とりわけ大学）教育なのですが、先ほどから触れているように、現状では日本の大学では十分にその役割が果たせていないのです。そのため「学問的スキル」を身につけられていない人が大量に社会にいるのが現実なのです。

ここまでの話をまとめると、自分の立場を改める気のない人に出会って（絡まれて）しまった場合、ひとりの一般人ができることは限られているように思われます。一応、そこに仮象があることを指摘することができますが、相手が素直にそのことを認める可能性が低くでしょう。利己性（とりわけ「利己的な先入観」）というのはそれだけ強力なのです。対話ではうまくいきそうにないのであれば、その人とは距離をとる、関わらないようにすることくらいしか方法はないのです。「全員とうまくやろう（やらねば）」などと考える必要ありません。「この人おかしい」と見抜く目であり、離れる判断を下すことも必要なのです。

悩み⑯ 倫理学を学ぶ意味

倫理学に、はたして学ぶ意味があるのでしょうか（意義があるようには見えませんが……）？

「悩み⑬」以降、学問一般の意義について問い、考えてみましたが、ここではより具体的に倫理学という学問分野に焦点を絞って論じてみたいと思います。私が哲学科の学生であった時分に、教員に倫理学の研究意義について聞いて回ったものの、その答えの半分は「倫理学なんて何の役にも立たない」というものであり、残りの半分は、私の質問をはぐらかして答えてくれないというものであったことは、すでに話したとおりです。

では、そんな彼らは、なぜ倫理学研究に勤しんでいるのでしょうか。その理由について、ご丁寧に説明してくれている人たちがいるので、ここに紹介します。

まず、笹澤豊は以下のように説明しています（引用文では「哲学」となっていますが、人生の目的や生き方が問われているので、哲学の一分野である倫理学が念頭に置かれていると解してよいでしょう）。

大学で「哲学」という学問の教育と研究にたずさわる「学者さん」たちは、もちろん最後のタイプの人たち（のうち、大学教師というポストにありつけた、運のいい人たち）**である。彼らは、謎解きに熱中するあまり、迷路の中で暮らすのが居心地がよいと思うようになってしまっているので、初発の問いなどすっかり忘れている。彼らは、「謎解き、それが私の人生の最大の目的であり、私の生きる意味である」と思うようになってしまっているので、もう「人生の目的は何か。生きることの意味はどこにあるのか」などと問う必要がない。そういう人種が、小遣い稼ぎに書くのが「哲学入門」などと銘うった本だから、そのたぐいの本が、この問いへの回答を求める読者の期待を裏切るものだったとしても、それはあまりにも当然のことなのだ。**[※84]

笹澤の見立てによると、倫理学を研究する者も当初は、人生の目的とか、生きる意味といったことに関心を持っていたのです。ただ、そういった問いに対峙するために、まずはそういった問いに対峙した先人のテキストに向き合い、理解する必要があります。ところが、その先人のテキストというのが、どれも難解で、容易に理解できるようなものではないのです。すると、一部の人たちは、その謎解きに面白さを見出してしまうのです。そんな彼らは当初の問いを忘れて、他

人の言ったことを理解すること自体を目的としてしまうのです。そして、（笹澤に言わせれば）そんな人が職業倫理学者となって、入門書を書いたところで、現実に生きる人々の糧になるわけがないのです。

また奥田太郎もほぼそれに沿う見立てを示しています。

「リンリのセンセイは、結局、あれこれ議論をすることそのものがお好きで、私たちの要望には応えるつもりも能力もおもちでないようで」という依頼する側の見限りと、「みなさん、われわれの営為の真価をご理解いただけなかったようですな」という依頼される側の居直りとの、不幸なマリアージュは、そこかしこで起こり始めているかもしれない。※85

一般の人々は、倫理学研究者に対して、現実に人々が抱える問題に何ら寄与することがないことを指摘（批判）したとしても、それを聞いた倫理学研究者の側は、「あいつらは、私たちがどれだけ高貴な営みをしているのか、価値があることをしているのかということを分かっていない」と居直るだけだと言うのです。

※84　笹澤（二〇〇〇年）、一〇頁。
※85　奥田（二〇一二年）、三〇頁。

笹澤や奥田の文面から窺えるのは、倫理学研究者たちは、テキストを読んで理解し、それについて議論したりすること自体が好きだからやっているということです。そこには、自らがよく生きるため、世の中をよくするため、といった崇高な理念などないのです。だったら本来は、自分の研究動機が利己的なレベルに留まることを素直に認めるべきなのですが、そう言ってしまうと聞こえがよくないことも自覚しているのです。だから研究意義について問われると、その多くが曖昧に答えたり、話を逸らしたりして誤魔化すのです。

このような現状をカントが見たら、何を言うでしょうか。実は、今から二百年以上前のカントの時代にも、理論（自分の研究）と実践（自分の生き方）が乖離している、そして、そのことを公言する人たちが大勢いました。そんな彼らに対して、カントは以下のように、彼にしては珍しく、かなり強い口調で憤りの感情を表出しています。

無知な人が、自分で実践と思いなしているものについて、理論はもともと不必要であり、なくても済むなどと放言しているのは、まだ我慢できる。しかし、利口ぶった人が、理論とその価値とを（ただ頭脳を訓練する目的だけの）学課としては認めるが、しかし、いざ実践となると様子ががらりと変わるとか、あるいは学校を出て実社会に出ると、これまで空虚な理論や哲学者の夢に徒らに追随してきたことをしみじみ感じるとか、――要するに、理論ではいかにももっともらしく聞こえるけれども、実践ではまったく当てはまらない

などと主張するに至っては、到底我慢できるものではない。[※86]

カントはこの後も、理論を軽視する者は「（理論では）大砲の砲弾がどこに落ちるか計算したとしても、（現実では）必ずそのとおりの結果になるわけではない」と言うが、仮にうまくいかなかったとすれば、その原因は用いた理論が十分でなかった、または適切ではなかった点にあるのであって、それは理論が役立たなくてもよいことを意味するのではなく、その実、その者は自らの無知をさらけ出しているに過ぎず、笑いものになるであろうと説くのです。[※87]

これを倫理学に当てはめると、「（理論では）倫理学を修めたからといって、（現実では）倫理的な人間になれるわけではない」と言うのでしょうが、それはその人が研究している理論が不十分か、もしくは、研究している内容がそもそも現実から乖離したものであることに原因があるのであって、そのことは倫理学の理論が現実に役に立たないものであってよいことの根拠にはならないのです。

※86 Ak VIII 276. とりわけカント研究者を自称する者が、ただ傾向性に流され研究しているなどという事態は一層罪深いと思うのです。
※87 Vgl. ibid.「大砲とは物騒」などと思うかもしれませんが、カントが生きていた頃は人々は戦争に明け暮れていた時代であり、学問的な成果が戦争という実利のために積極的に活かされる時代でした。当時はニュートンによって打ち立てられた微分積分法が、大砲の砲弾がどこに着弾するかという問いに対して大いに機能していたのです。畢竟、当時の人々はカントの挙げるこの大砲の例によって理論と実践の結びつきの重要性について即座に理解できたはずなのです。

学問上の理論というのは、説明できる範囲が広ければ広いほどすぐれているのであり、もし「現実への適用にまったく耐えられないが、すばらしい倫理学説」などと言う者がいれば、私には悪い冗談か下手な言い訳にしか聞こえません。「主観的根拠」の典型のような態度ですが、倫理学をやっている人たちというのは、往々にして平気な顔をして、このような鷺を烏と言い包めるような発言をするのです。だから、興味を持って門を叩いた人たちが（優秀な人ほど）「意義が見いだせない」と言って幻滅して去っていってしまうのです。

倫理学研究の狭い世界に生きる人たちは、すでに自分たちにとって居心地のよい空間を作り上げてしまったので、なかなか変えたがらないでしょう。しかし、劇的ではないにしろ、少しずつですが、事態はよい方向に向かっていると私は感じています。――例えば、苦難を抱えている者自身が自らを研究対象とする当事者研究や、自身の性についての問題意識と絡めて性について扱うジェンダー論や、自らの食生活や動物との関わり方に結びつける動物倫理や、自身の収入の一部を寄付することを求める効果的利他主義など、自らの生き方と一致させるような研究内容を目にする機会が増えてきています。そして、それに反比例するように、近年「（哲学を含む）倫理学無用論」を声高に叫ぶ姿はあまり見かけなくなりました。よい傾向だと思います。

ただ、現実に私たちが抱える問題と密接に関わるような研究は、現実と深く関わるが故、内容について反発もあります（そのなかには、理性的な考察によってではなく、感情的にどうしても認めたくない、つまり、「利己的な先入観」に囚われたものが往々にして含まれます）。大いにみんなで議論すればいいのです。

浮世離れした問題しか扱わず、世間から相手にされず、無視され続けるよりは、たとえ批判の声が大きいとしても、はるかにマシだと私は思っています。

第一部のまとめ　エピクテトスとの類似性

山本貴光／吉川浩満著『その悩み、エピクテトスなら、こう言うね。』（筑摩書房）という著作があります。エピクテトスというのは、今から二千年近く前に現在のトルコ（当時はギリシャ語圏）で活躍したストア派の哲学者の名前です。その彼が弟子に語ったことが書き残され、幸運にも私たちは彼の思想に今日触れることができるのです。そのエピクテトスの言葉であり、考え方を山本、吉川両氏が分かりやすく一般向けにまとめたのが、先のエピクテトス本ということになります。

その共同著者のひとりである、吉川浩満さんと話をしていて、そのカント版を出したら面白いのでは、という話になりました。その結果、形になったのが本書ということになります。

また、それとは別に、吉川さんには私の著作『いまを生きるカント倫理学』（集英社新書）の出版イベントで司会をしてもらったことがありました。その質疑応答の時間に、参加者の方からエピクテトス本を書いた吉川さんと、カント本を書いた私に対して、両者の類似点についての質問が出ました。私は、自由の捉え方について両者に共通する部分があるという話をしたと記憶しています。
エピクテトスは、たとえ皇帝として本来誰からも命令されない身分にいたとしても、その実、周りの取り巻きによってまったく自由を発揮できない、自覚できないということがありうると言うのです。対照的に、エピクテトス自身はもともと奴隷の身分だったのですが、それでも、たとえ主人であろうとも、人の心のなかまで縛ることはできないのであり、そのため自分が自由であることを自負していたというのです[※88]。一般的には皇帝が自由であり、奴隷が不自由であるかのように受け止められるかもしれませんが、自由というのは本来、地位や現実に何かを強制されているかどうかということとは無関係に成り立つものなのです。

今の日本には、形式上は奴隷制度などありません。ある程度の年齢になれば、どんな学校に行き、どんな仕事に就くかということは、基本的に自分で決めることができます。では、私たちは本当に自らの進路について自由に決めているのでしょうか。現実にはかなりの部分が、周りが価値を置く偏差値の高さや、知名度などによって決定されているのではないでしょうか。しかし、エピクテトスにしろ、カントにしろ、そのような世間の目だの評価だのといったものに縛られている時点で、そこに本当の意味での自由を見出さないのです。また「悩み⑥」において論じたように、カントであれば、他人であったり、自らの欲求であったりに流されているような状態は、しょせん他律状態なのです。エピクテトスも同じ立場で、「煩悩から自由にならなければ、ひとは決して自由人ではない[※89]」と言うのです。つまり両者共に、他者や自らの利己的な感情に縛られることなく、自ら主体的に考え、判断を下して、自らを律することができて、はじめてそこに真の自由を見出すのです。

とはいえ、エピクテトスもカントも、利己的な感情を押し殺すことを求める禁欲主義者などではありません。「悩み⑤」で取り上げたように、カントは傾向性自体や、それを満たそうとすること自体を直ちに道徳的悪と見なすわけではないのです。根絶しえない内在的な利己性の存在を肯定的に認めた上で、それといかに向き合うかが問われるのです。エピクテトスもまったく同じで、吉川さんはそのようなエピクテトスの立場を「操欲主義」[※90]と表現しています。つまり、そこでは「欲」望をいかにうまく「操《あやつ》」るかが問われるのです。

感情の抑制を可能にするのが、理性であり、また、理性に発する意志ということになります。ただ「悩み②」「悩み⑧」「悩み⑨」において言及したとおり、その意志にも、できることと、できないことがあります。

この点は、エピクテトスによる「権内」（ἐφ᾽ ἡμῖν）と「権外」（οὐκ ἐφ᾽ ἡμῖν）[※91]の概念によってうまく説明することができます。前者は、自分の意志でどうにかできる事柄であり、後者は、必ずし

※88 鹿野（二〇二一年）、九頁以下参照。エピクテトス（二〇二一年b）、四六九頁参照。
※89 鹿野（二〇二一年）、一〇頁。
※90 山本／吉川（二〇二〇年）、一〇二頁。
※91 直訳だと「私たちの力が及ぶこと」と「私たちの力が及ばないこと」といった意味になります。

もそうでない事柄ということになります。それは例えば、地位や財産です。もちろん地位を得るため、また、財産を増やすために努力することはできます。しかし、実際にそれが成就するかどうかは分からないのです（意志の埒外にあるのです）。

また、エピクテトスは「権外」の例として「他人」も挙げています。しかも他人と言っても、見知らぬ人のことを言っているのではなく、友人や家族や恋人なども含まれるのです。人心をコントロールしようとしたり、自身の所有物であるかのように思い違いをすることにより、苦しむことがないように警鐘を鳴らしているのです。

加えて興味深いのは、エピクテトスが自分の体ですら、「権外」のものとして捉えていることです。先ほど触れたように、エピクテトスの出自は奴隷でした。彼の主人は奴隷エピクテトスにさまざまな命令を下すわけです。しかし、エピクテトス自身の体は「権外」のものであり、その決定権が主人にあってエピクテトスに何かを命令しようとも、彼の内面の自由が侵されることにはならないという理屈がここに成り立つのです。※92

理性のみが、そして、そこに発する意志が、自分をコントロールできるのです。カントによれば、道徳的善をなすのに、自分の力ではどうにもならない才能、または、運といったものは必要ないのです。善いことをしようとする意志、すなわち、善意志さえあればよいのです。

道徳性が意志のうちに存することを説くために、カント倫理学は「意志の倫理学」と言われるのですが、これすらも実はカントの専売特許などではないのです。そのはるか以前にエピクテトスが説いていたことなのです。彼は道徳的善の所在について、以下のように述べています。「もし私に人間の善とは何であるのかと尋ねるならば、ある性質の意志だと君に答えるほかはない」[※93]。まさにカントが口にしそうなセリフと言えます。

このようにまとめてみると、エピクテトスとカントは、生きた時代も地域もまったく異なるものの、その実かなりの部分で、しかも、その根幹部分において共通点を見出すことができるのです。

ここまで話が及ぶと、エピクテトスのカントへの影響の有無や、その程度について興味が出てくることと思います。しかし、カントのテキストのうちに見られるエピクテトスへの言及は非常に表面的で、数えるほどしかないので、この点については「なかった」と結論づけてよいと思います[※94]。

また、エピクテトスの理論単体について、もっと詳しく知りたいと思う人も出てくることでし

※92　エピクテートス（一九五八年a）、一三頁以下参照。エピクテートス（一九五八年b）、二五二頁以下参照。同じ『人生談義』を訳した國方は「権内」「権外」という訳語を使っていないため、ここでは少し古くなりますが鹿野訳を出典として挙げておきます。

※93　エピクテトス（二〇二一年a）、六四頁。ちなみに、道徳的善の対極にある道徳的悪もまた、意志のうちにあることが語られています。エピクテトス（二〇二一年a）、二六八頁参照。

※94　カントは、自身に影響を与えた人物（例えば、ヒューム、コペルニクス、ルソーなど）を素直に認めているので、エピクテトスの自身への影響を隠しているということはないと思います（そんなことをする理由もないでしょう）。エピクテトスとカントの倫理思想の近似性については（微積分学を確立したニュートンとライプニッツのように）本当にすぐれた人たちというのはまったく独立に同じ結論に達することの好例という捉え方ができるのではないでしょうか。

ょう。しかし、先ほども触れたように、エピクテトス自身が書いた書物は存在しておらず、現存しているのは弟子が発言を書き写したものと要約したものに限られ、そのため（口述という性質上）理論的な構造が明らかにされているとは言い難いのです。

もしエピクテトスが自ら著作を記し、理論的な枠組みについて明確に示していたならば、倫理学の歴史そのものが大きく変わっていたかもしれません。そう思うと、心底残念でなりません。

第二部

学問レベルの疑問

第一部では、カント倫理学がいかに私たちの抱える「悩み」に有効に答えられるか示してきました。ただ、ここまで読んできた読者のなかには、「ここに書いてあることはカント倫理学解釈としてどれだけ妥当なのか？」といった疑問を抱いた人がいるかもしれません。いや、きっといるでしょう。とりわけ、カントに対して事前知識があった人ほど、そういった疑念を抱いたのではないでしょうか。というのも、私が第一部で描き出した、「私たちに生きる上での指針を与えてくれるカント倫理学」という像とは対照的に、一般的には「浮世離れした、何の役にも立たないカント倫理学」として描かれることが多いためです。

非カント研究者がカント倫理学をそのような仕方で否定的に紹介するのは、ある意味で仕方のないことなのかもしれません（賛同できないからこそ、カント倫理学ではなく、別の倫理学説を研究しているのでしょうから）。その精査であり、修正作業はカント研究者が担えばよいのです。

ところが実際のところ、非カント主義者によるカント批判があっても、カント主義者の側が表立って反論する、カントを擁護する姿を目にすることは、ほとんどないのです。[※95] これでは第三者や初学者が「反論しないということは、正鵠を射ているということなのだろう」と受け取ることも無理からぬことでしょう。それどころか、カント研究者によるカント倫理学についての説明も、世間に見られる否定的な評価をさらに補完・補強するようなものが少なくないのです。[※96] これでは多くの人がカント倫理学に背を向けるのも半ば必然のことと言えます。

現状、多くの人々が思い描くカント倫理学の姿と、私のそれとが大いに乖離しているのですから、私はそれを等閑視するわけにはいきません。第二部では、第一部で展開した理論の妥当性を、カントの典拠や根拠を挙げながら、示していきます。それは必然的に、他の研究者の解釈を批判的に検討していく作業となります。「名声の先入観」に囚われない態度を私自身が貫徹する以上は避けられない営みだと思っています。

他方で私は、これまで「浮世離れした、何の役にも立たないカント倫理学」という描かれ方をしてきた原因が、すべて受け手（解釈者）の側にあるなどとは考えていません。その責任の一端は、カント自身のうちにあると思っています。そのため私の批判は、ときとしてカント自身へと及ぶことになります。こちらの作業は、私自身のカントに対する「名声の先入観」に囚われない態度の現れということになります。

※95　カントは自分の師とする先人に当たるような人が批判されているのに、それを擁護しようとしないのは、無礼に当たるとしています。ただし同時に「時代の名声の先入観」に囚われないように警鐘を鳴らすことも忘れません。(Vgl. Ak VI 455f.)

※96　牧野／大橋／中島（一九九四年）、二一五頁参照。カント倫理学はカント研究者によって、よってたかって「毒にも薬にもならない」と罵られるのです。

疑問❶ すべての行為は道徳的善か悪のどちらかなのか？

カントは、すべての行為について、道徳的善か悪のどちらかに分ける、二分法の論者だと聞いていたのですが、本当でしょうか？

応用倫理学分野の重鎮である加藤尚武は、多くの人が目にするであろう、倫理学の入門書において、カント倫理学について以下のような理解を示しています。

カントは、すべての行為は「理性的で道徳的か、感覚的で非道徳的か」どちらかだと言う。まるで一本橋の上で前進するか後退するかのどちらかしかないみたいに、人間にとって葛藤とは義務かエゴイズムかの選択にすぎないとカントは考えた。しかし、私がまずい物を避けてうまい物を食うのは、積極的に「善だ」と見えを切るほどのこともないが、道徳的に悪であるとは言いにくい。[※97]

この加藤の説明は、私が本書においてここまで展開してきたカント倫理学についての説明と、まったく相容れないものであると言えます。この短い引用文のうちに、私自身が看過することができない、そして、なぜ他のカント研究者は黙っているのかと首をかしげざるをえない点がいくつも含まれています。

主だったものは以下の三点です。①行為の一切は道徳的善か悪のどちらかに分類される（道徳的無記なる行為は存在しない）という理解、②エゴイズムにもとづく行為は直ちに道徳的悪であるという理解、③理性的であれば道徳的善であり、感覚（感情）的であれば非道徳的（道徳的悪）という理解です。これらの理解が誤解であることは、カントによる以下の文面を目の当たりすれば明らかなはずです。

およそ道徳性に関してどうでもよいもの（adiaphora）を何ひとつ認めず、一歩一歩進むごとに義務を、まるで盗賊を捕まえるために地上に置く人捕りなわでも撒くように、撒き散らし、そして、どちらも口に合うのに、肉を食べるとか魚を食べるとか、ビールを飲むのかワインを飲むのかといったことをどうでもよいことと見なさないような人は、やはり幻想的に有徳な人であり、それが徳論のうちに採り入れられるようなものなら、徳の支配を専制的な圧制に化してしまうであろう。※98

※97 加藤（一九九八年）、五四頁。
※98 Ak VI 409.

一応断っておきますが、加藤が批判した後にカントが反論しているのでは（もちろん）ありません。カントが語っているのに、加藤はそんなことがなかったかのような素振りで、カントが言っていることとは真逆の説明をしているのです。

確認すると、カントは、私たちは一挙手一投足を倫理的な問題として捉える必要などない、というか、むしろ、そういった態度を「幻想的に有徳」「徳の支配を専制的な圧制に化す」などと称して批判的に語っているのです。つまり、まず第一に、道徳性の問われない状況を想定しているのです。第二に、そうである以上、そこでなされた行為は道徳とは関係がないわけで、そのため道徳的には善でも悪でもないのです[※99]。

しかも加藤は、カントの理屈だと食べたい物を食べると道徳的悪になってしまうと説明していましたが、カントはいちいち道徳的な事柄として捉える必要ない問いの具体例として、まさに飲み食いを挙げているのです。これは、飲み食いに関わる問いが、決して道徳に関わることはないということではありません。第一部「悩み⑤」において触れたように、状況や程度によっては、道徳が問われることになります。ただ、飲み食いの一切を道徳的な問いとして捉える必要はないと言っているのです。道徳と関係ない状況にある以上は、道徳的非難に値することはありえないわけで、自分の好きなようにすればいいのです。

本書第一部「悩み④」において、道徳的善の姿を、そして、「悩み⑤」において、道徳的悪の姿を描き出しました。それらは、どちらも、意志のうちに存するという話をしました。その限り、加藤による、理性的であれば道徳的善であり、感覚（感情）的であれば非道徳的（道徳的悪）であるという理解も成り立たないことになります。

カントを批判するからには、その拠り所となる典拠を示してほしいものですが、まったく挙げられておらず、そのため、どうしてこのような理解に至ったのか、まったくの謎です（カントのテキストは参考文献にすら挙げられていないので、自分の持っているなんとなくの印象で書いているのでしょう）。

本節の最後ということで、ここに道徳的善でも悪でもない行為の可能性についてまとめると、ひとつは、道徳性の問われない状況下においてなされた行為であり、そして、もうひとつは、意志の介在しない行為です。さらに、この二つに加え、もうひとつ挙げられるのですが、それについては後ほど（「疑問⑬」において）紹介します。

※99　Dörflinger (2008), S. 93.「［道徳的］悪というものは、道徳性に関連した状況——自分の目の前で人が溺れそうになっているという典型的な例を思い浮かべてほしい——において［中略］はじめて視野に入ってくるのである」。

疑問❷ 理由もなく命令するのか？

カントは何の根拠もなく、ただ「ダメなものはダメ」と言う論者だと聞いたのですが、これって事実なのでしょうか？

カントについて、何の根拠もなく、特定の行為の遵守を命令したり、禁止したりする論者として紹介されることがあります[※100]。ここまでに私は、「主観的根拠」と「客観的根拠」というタームを用いて、カントが根拠に重要な役割を認める論者であることを繰り返し指摘してきましたが、ここに改めて、カント倫理学における根拠というものの果たす（重要な）役割について明らかにした上で、なぜそれとは正反対の誤解が生まれ、広まってしまったのかについて、私なりの推測を交えて考察を加えてみたいと思います。

ごく最近の例を挙げると、畠山創はカントは道徳的に絶対に殺人を許容しないと説明した後で、以下のように続けています。

結論は「ダメなのは当たり前のことだから、ダメ」です。人間は生まれながらに快楽への傾向性を持っている一方で、善を行なおうとする道徳的な意志能力、つまり「実践理

性」も先天的に備えている存在です。理性の命じる普遍的な道徳法則に従うのが、人間の義務であり、善なるあり方です。この道徳法則は、いつの時代もどんな人も当《まさ》に為《な》すべきこと、つまり「当為」として、理由付けもなく守られてきたものです。この意味で、人を殺してはいけないことに、理由などありません。人間の義務なのです。※101

この説明だと、理由もなく守られてきたものが道徳法則であると読めますが、実際には歴史上いくらでも人殺しは行われてきたわけで、事実として守られてきたわけではなく、当為として長年守られるべきものとみなされてきたものが道徳法則ということなのでしょう。

いずれにしろ、畠山の説明では、自らが何をすべきか、また、すべきでないかについて、私たち

※100 鈴木（二〇〇七年）、一七五頁。「少し横道にそれるが、以前、内輪の研究会で日独の母親が子供を叱るパターンが話題になったことがある。同席していた発達心理学者の意見によると、ドイツ人の母親は一般に定言命法で（「行儀良くしなさい！」）、日本人の母親は仮言命法で（「人に笑われたくなかったら、行儀良くしなさい！」）叱る傾向があるという。命令を理由づける必要はないと感じるドイツ人の母親と、命令をとかく理由づけようとする日本の母親。この観察が事実なら、両国の法意識を比較する面白い視点となるだろう。十戒やカント哲学の影響はこんなところにも及んでいるのかと、私にはとても印象的深かった」。長友（二〇一〇年）、八頁。「そこでカントがお勧めするのは、端的に「Bせよ」と述べる定言命法である。つまり、人に信用されようがされまいが、とにかく「嘘をついてはいけない」のであり、成功しようがしまいが、「努力せよ」ということが大切なことなのだ。このように子どもをしつけた時、「なぜ嘘をついてはいけないの？」とか「なぜ努力しないといけないの？」と聞かれるかもしれない。そのときはこう答えればいい。「それが義務だから」あるいは「それが善いことだから」と」。

※101 畠山（二〇二二年）、一六九頁。

個人個人が考える必要などないことになります。盲目的に「理由など考えずに、無批判に従え！」ということです。

しかし、このような態度は、カント倫理学の骨格部分から導かれえないどころか、カント本来の立場とは真逆と言えます。なぜなら、カントはいたるところで繰り返し、自分の頭で考え、判断すべきことを説いているからです。[※102]

どのように考えればよいのかというと、もちろん、定言命法に則って考えるのです。つまり、いかなる格率であれば万人が遵守することが万人にとって望ましいと言えるか、または、言えないかということについて考えるのです。

ただ、ここで、「その格率であれば万人が遵守することが万人にとって望ましいと言えるから道徳法則である」、反対に、「その格率であれば万人が遵守することが万人にとって望ましくないと言えるから道徳法則違反だ」と言うだけでは、根拠になっていません。これでは情報量ゼロの同語反復です。ここで求められているのは、なぜそう言い切れるのかの根拠なのです。カント自身は以下のような言い方をしています。

自分の理性を用いるということは、私たちの〈自身がどうするべきかに関する〉仮説について、次のことを自分自身に問うことに他ならない。つまり、私たちの仮説の根拠、あるいは、私たちの仮説から帰結する規則を、その理性使用の普遍的原則とすることがで

きるかどうかを自分自身に問うことである。[※103]

定言命法によって、いかなる格率の普遍化を意欲することができるか吟味するということは、これから自分が遵守するかもしれない格率は、その時点では仮説に過ぎないと言えます。そして、その根拠が普遍的原則たりうるかを吟味することが求められるのです。[※104] 同じことですが、ある格率を普遍的原則（道徳法則）と見なしたのであれば、その根拠について説明できなければならないのです。

さらに、根拠とはどのようなものなのかについてですが、カントの以下の言葉がその補助（考える上での助け）になりそうです。

同時に義務であるところの目的とは何か。それは、自己の完成、並びに、他人の幸福である。[※105]

※102 Vgl. Ak V 294; ibid VII 228; ibid. IX 57.
※103 Ibid. VIII 146.
※104 石川（二〇〇九年）、一八頁参照。これはまさに理性に課された課題なのであり、石川に言わせると、理性の本来的な役割なのです。
※105 Ak VI 385.

カントは倫理的義務とは、根源的には「自己の完成」、もしくは、「他人の幸福」のどちらかに行きつくと言うのです。「完成」というのは多少大げさな表現ですが、要は、「向上」「前進」といったニュアンスです。また、第一部「悩み②」において触れたように、実際にその努力が実を結ぶかどうかは、倫理的には問われません。それに努めれば義務を履行したことになるのです。「他人の幸福」というのも同じで、他人が幸福になる（もしくは苦しみから脱する）ことは必要条件ではありません。それに向かって努力することが求められている（に過ぎない）のです。この二つは「すべきこと」であるために「義務」と見なされ、同時に、目的をも含むため、「義務であるところの目的」と称されるのです。要するに、「それが私自身の能力の陶冶につながるため」とか、「それが他者が苦しみから逃れることにつながるため」というのはれっきとした根拠になるのです。

また、根拠の話に関連して、カントは複数の倫理的義務が衝突するケースを想定しておらず、そのためモラルジレンマの状況において機能不全に陥る、という解釈であり、批判が存在します。[※106]

確かにカントは、「義務や責務の衝突はまったく考えられない」[※107]と述べています。しかし、そこで意図されているのは、義務が衝突するように見えても（そう見えているだけであって）、実際には義務が衝突して機能不全をきたすわけではないということなのです。そのことは、先の引用文の直後に続く以下の文言を見れば明らかなはずです。ここでも根拠が問われるのです。

このような二つの根拠が互いに矛盾する場合には、実践哲学は、より強い責務が優位を占める（fortior obligatio vincit）とは言わずに、より義務づけの根拠が場所を占める（fortior obligandi ratio vincit）と言うのである。※108

例えば、平常時であれば、約束の時間を守ることは義務と見なしうるでしょう。しかし、約束の場所に向かっている途中で、困っている人がいれば、（約束の時間に間に合わないリスクを負ってでも）その人に手を差し伸べることもまた義務たりうるはずなのです。そこでは、より義務づけの根拠の強い方が優先されるのです。

ここで重要なことは、二つの（もしくはそれ以上）義務が面前にある場合、何が義務と見なせるかということについて、万人に妥当する「答え」や「正解」があるわけではないということです。そもそも、私たちが直面するであろう倫理的ジレンマとは、ほとんどが事前に予見することができないものであり、そのためどのような行為を採用すべきか、または、すべきでないかについて、事前に問答集のようなものを準備しておき、それに従って振舞うようなことはできないのです（そ

※106 Frankena (1973), pp. 31.（邦訳）フランケナ（一九六七年）、五三頁。「さらに、［カント倫理学は］義務間の衝突に由来する難点を彼は免れていない、ということも指摘しなければならない。」
※107 Ak VI 224.
※108 Ibid.

れこそ浮世離れした空論というものです）。私が直面する倫理的ジレンマとは、私固有の問題であり、そうである以上、私の置かれた状況を踏まえて、私が考え、判断を下す他ないのです。そこでは私が何を根拠と見なしたかが問われるのです。

ここまで見てきたように、カントは至るところで、根拠を持って行為することの重要性を説いているのですが、それなのに、なぜカント自身の言葉とは正反対の解釈が生まれ、広まってしまったのでしょうか。

関係がありそうなのは、カントが道徳法則を遵守すべき理由として「それが道徳法則であるため」（um des moralischen Gesetzes willen）[※109] という言い方をしている点です。確かに「道徳法則を遵守しなければならない理由は、それが道徳法則であるためである」という文面を目にしたら、循環しており、根拠を欠いているように見えるかもしれません。しかし、そこだけを切り取るからおかしくなるのです。先ほどから繰り返しているように、道徳法則を導くためには根拠が必要となるのです。根拠なしには、道徳法則は導けないのであり、道徳法則が導けなければ、道徳的善も成り立たないのです。

疑問3 行為の結果について考慮する必要はないのか？

カントは、行為の結果について考慮する必要はないと説いたそうですが、本当なのでしょうか？

資本主義がなぜプロテスタント圏において発達、発展したのかについて分析をした、『プロテスタンティズムの倫理と資本主義の精神』（いわゆる『プロ倫』）で有名な、マックス・ヴェーバーは、倫理について、行為の結果責任を重んじる「責任倫理」（Verantwortungsethik）と、心情（格率）を重んじる「心情倫理」（Gesinnungsethik）があるとし、前者の方に高い価値を認めました。[※110]「心情倫理」という表現は今日でこそカント倫理学とほぼ同義に使用されていますが、当時はそうではなかったようで、ヴェーバー自身はこの文脈でカントについては言及しておらず、カントを貶める意図もなかったものと思われます。

他方で、ヴェーバーと同時代に生きた、マックス・シェーラーもまた、結果に重きを置く「結

※109 Ibid. V 159.
※110 Vgl. Weber (1992), 237f.（邦訳）ヴェーバー（一九九二年）、一〇二頁以下。

果倫理」(Erfolgsethik)と「心情倫理」(Gesinnungsethik)を区別し、やはり前者により高い価値を置きました。そして、シェーラーの場合は、明らかにカントを批判する意図を持っていました。彼はカント倫理学を「空虚で実りのない形式主義[※111]」と称しているのです。シェーラーがとりわけ批判の矛先を向けたのは、カントの幸福に対する態度で、彼はそこに「反幸福主義[※112]」「幸福の軽視[※113]」を見たのでした。シェーラーの見立てでは、カント倫理学は「結果倫理」の対極にあり、行為の結果に対して一切関心を払わない立場であり、そうである以上、必然的に結果として生じる幸福の有無に対しても無関心であることになります。

　ヴェーバーの用語が歪められて使用されたり、シェーラーの批判が繰り返し紹介された結果、「結果を問わないカント倫理学」「幸福に無関心なカント倫理学」という像が広まってしまったのです[※114]。加えて、先ほど触れたように、カント研究者の側も、それを一般に向けて否定しようとしないものだから、カント倫理学に対するマイナスイメージが定着してしまったのです。

　しかし実際には、カントのテキストのうちには、つい先ほど第二部「疑問②」において触れたように、自身の能力の陶冶と並んで、他者の幸福が義務であることが、誤解の余地のない形で、はっきりと説かれているわけです。当然のことですが、他者の幸福という義務は他者の幸福を企図して履行されるはずなのです。

　そもそも、他者の幸福に限らず、道徳的善を企図していながら、何らの目的を持たずに行為するということ自体が不可解なことと言えます。まさにカント自身が説明しているとおりです。

道徳からは、ある目的が生じてくる。というのは、この我々の正しい行為からいったい何が結果するのであるか、そして、我々は何を目指して、仮にそのものが完全に我々の支配下にあるのではないにせよ、少なくともそれと一致するために、それをなお目的として、我々の行動を定めることができるか、といった問いに対する答え如何は、決して理性の無関心事ではありえないからである。※115

私たちは、自らの行為がどのような結果をもたらすのか正確に把握することができません。しかし、予測した上で、目的を立てて、行為することはできるはずであり、また、そうすべきなのです（無関心事ではありえないはずなのです）。例えば、困っている人に手を差し伸べるのは、もちろんその人が困っている状態から脱することを企図してするわけです。逆に、結果への考慮を一切欠

※111 Vgl. Scheler (1966), S. 15.（邦訳）シェーラー（一九七六年）二四頁。
※112 Ibid. S. 73（邦訳）同書、一一六頁。
※113 Ibid. S. 75（邦訳）同書、一一九頁。
※114 河野（二〇一一年）、一四四頁。「動機主義に関しては、動機が純粋ならそれで倫理的と言えるのか、という批判がある。理性主義に関しては、はたして幸福感や感情から離れた道徳などありうるのか、と疑問視する声がある」。児玉（二〇二〇年）、六五頁。「カントがこのような非帰結主義を支持する理由の一つには、そもそも道徳は幸福や利益とは根本的に無関係だという発想がある」。
※115 Ak VI 5.

いて、道徳法則を立てるというのはいかなることなのか、そちらの方が不可解で、想像しがたいのではないでしょうか。

では、なぜカントは自らの行為によってもたらされる結果であり、幸福に対して無関心であったという解釈であり、誤解が広がってしまったのでしょうか。

よく見られるのは、注114にあるように、自身の幸福と、他人の幸福を区別せずに論じているものです。確かにカントは、自身の幸福を追い求める行為のうちに道徳的価値は認めません。しかし、先ほど触れたように、彼は他者の幸福を追い求める行為のうちにはそれが認められると述べているのです。

ここで（それでも、どうしてもカントを批判したい人は）「分かった。これまでの批判者たちの言い方は確かに正確ではなかったものの、カント倫理学は自身の幸福に関しては無関心という指摘であれば正しいのだな！」と食い下がってくるかもしれません。

しかし（残念ながら？）これも正確ではありません。その点を理解するためには、自分が不幸な状態にあることをイメージしてみると分かりやすいと思います。その状態では人は、心に余裕を持つことができません。必然的に倫理的な事柄に関心を寄せることも困難になります。そのためカントは、自身が不幸にならないように努めることは、道徳的価値を有する直接義務ではないものの、それに資するために間接的な義務であると言うのです。

（少なくとも間接的には）自分自身の幸福を確保することは義務である。※116

このようにカントは、場合によっては、自身の幸福に対しても、関心を寄せるべきことを説いているのです。このことは、第二部「疑問①」において触れた、倫理に関係のない状況下というものがあり、そこでは自分の好きなように振舞えばよいという話にもつながってきます。

カントにおける幸福の位置づけについてまとめると、（よくある世間の誤解とは裏腹に）彼は幸福について自分に対するものにしても、他者に対するものにしても、決して無関心でいるべきではないという立場の論者なのです。

では、この問題に関しては、単に受け手が誤解しただけのことであり、カントの側に落ち度はまったくなかったのでしょうか。

いえ、私はそうは考えていません。カントは、これからなされる行為がもたらすであろう結果について、そして、それは必然的に結果がもたらすであろう幸福について、一切考慮しなくてもよい状況があると説いるかのように見える箇所が確かに存在するのです。続く「疑問④」において、その箇所を取り上げ、考察を加えていきます。

※116　Ibid. IV 399.

疑問❹ 完全義務と不完全義務とは？

カントは「完全義務」と「不完全義務」という用語を用いているそうですが、本書ではここまでにまったく出てきていません、どうしてでしょうか？

私はここまで本書において、道徳的善についての要件について、行為のレベルと、動機のレベルに分けて説明してきました。①行為が道徳法則に合致していること、そしてその上で、②動機が（利己性ではなく）道徳法則に発していることです。

カントが、この「道徳法則」と似たような意味を持たせているのが、「義務」という用語です。先の文面にあった「道徳法則」の部分を「義務」に代えても、意味が通るようになっています。すなわち、道徳的善とは、①行為が義務に合致（pflichtmäßig）していること、そしてその上で、②動機が（利己性ではなく）義務に発している（aus Pflicht）ことです。カントは、そのことを端的に以下のように表現するのです。

＝義務に適った行為を義務からなせ。[※117] **＝**

カント倫理学の枠内では、「義務」という概念が決定的な役割を担うために、それは「義務論」(Deontologie/Deontologische Ethik)、または「義務倫理学」(Pflichtethik) などとも呼ばれるのです。

このようにカントによって独特の意味が与えられたものの、「義務」という表現自体は、それ以前から倫理学分野では頻繁に使用されており、本節冒頭の疑問にあったような、「完全義務」「不完全義務」といった区分が存在していました。カント自身は伝統に則って、先人たちとほぼ同じ意味で、それらの概念を使用したのです。※118 しかし、これは望ましくない結果をもたらしました。カント自身の独創的な思想（例えば、「義務に適って」と「義務から」）に、そのような旧態依然とした発想（「完全義務」と「不完全義務」）をも残したことで、結果的に困難をもたらすことになったのです。

ここからしばらく義務概念に絡めて、（カント研究者も含んだ）多くの研究者の理解に則った説明が続きます。読者の方には浮世離れした記述として映るかもしれませんが、しばらく我慢してください。

カントはまず導入として、義務の分類について以下のように説明しています。

※117 Ibid. VI 391.

※118 「完全義務」「不完全義務」という名称や、前者が不履行の許されないものであり、後者がその履行が称賛されるものであるとする中身については、かなりの部分においてグロティウスやプーフェンドルフに負っていると言えます。詳しくは以下の論文参照。Vgl. Kersting (1982), S. 188f. ただ、このような義務の区分は、カントの頃にはすでに反発の声が大きくなっていたようです。Cf. Schumaker (1992), pp. 2. ミリャード・シューメーカー（二〇〇一年）六頁以下参照。

図3 完全義務と不完全義務

義務の種類	誰に対する
完全義務	自分に対する
	他人に対する
不完全義務	自分に対する
	他人に対する

我々は若干の義務を、普通我々自身に対する義務および他人に対する義務に、また、完全な義務および不完全な義務に、義務を分類することにならって数え上げてみたい。[※119]

ここから読み取れることは、合計四種の義務、すなわち、①自分に対する完全義務、②他人に対する完全義務、それから、③自分に対する不完全義務と④他人に対する不完全義務が存在するということです（図3参照）。

また、ここで重要なことは、これらには強度において差があるということです。カントは以下のように説明します。

第一種の行為の方は厳格な、あるいは、より狭義の（ゆるがせにできない）義務に反対するものであり、第二種の行為はただより広義の（功績となる）義務に反対する。[※120]

完全義務の「ゆるがせにできない」というのは、つまり、おそろかに

図4 完全義務と不完全義務の強度の差

義務の種類	誰に対する	強制力の強弱
完全義務	自分に対する	強い強制力
	他人に対する	
不完全義務	自分に対する	弱い強制力
	他人に対する	

することができないということであり、強い強制力が伴うことになります。また「義務に反対」するというのは、特定の行為が義務違反として禁止されるということです。他方で、不完全義務の方は、行為した場合に「功績となる」ものの、なさなかった場合に非難されることにはならないという点で強制力の面では劣ることになります（図4参照）。

では、どのようにして、私たちは、これら「完全義務」と「不完全義務」を導くことができるのでしょうか。その点について、カントは以下のように説明しています。

さて、いくつかの行為は、その格率が普遍的自然法則と考えられれば必ず矛盾に陥らざるをえない性質のものである。ましてや到底その格率このような法則になるべきことを我々が意欲することなどできない性質のものである。[※121]

※119 Ak IV 421.
※120 Ibid. 424.
※121 Ibid.

ここでは、定言命法の「普遍化の定式」が念頭に置かれています。ある種の格率は、その普遍化を考えた場合に、必然的に矛盾が生じるというのです。実際に矛盾が生じた場合、その格率（が含む行為）は、道徳法則に反するということであり、「完全義務」への違反ということであり、そのため道徳的に許容されないのです。

この基準の特徴は、矛盾の有無を問題にすることから、論理学や純粋数学のように、公理系が定まっていれば、矛盾が生じるかどうか（つまり、「答え」）は一義的に決定できることになります。ここでは、このような「普遍化の定式」の一形式を「思考可能性の基準」と呼んでおきます。

この基準をクリアできた格率のみが、次の基準に進むことができます。そこでは、格率が普遍化された事態が単に考えうるのみならず、望ましいと思えるかどうかが問われるのです。「思考可能性の基準」と決定的に異なる点は、結論が一義的に決まることはなく、個々人の自由裁量が認められている点です。カントは以下のように説明しています。

この義務は、単に広い義務である。それはそこにおいて多かれ少なかれ働く余地を有しており、それについての限界は、はっきりとは設けられない。[※122]

例えば、ボランティアをすることを含む格率は、その普遍化を意欲することができるでしょう。

図5「思考可能性の基準」と「意欲可能性の基準」

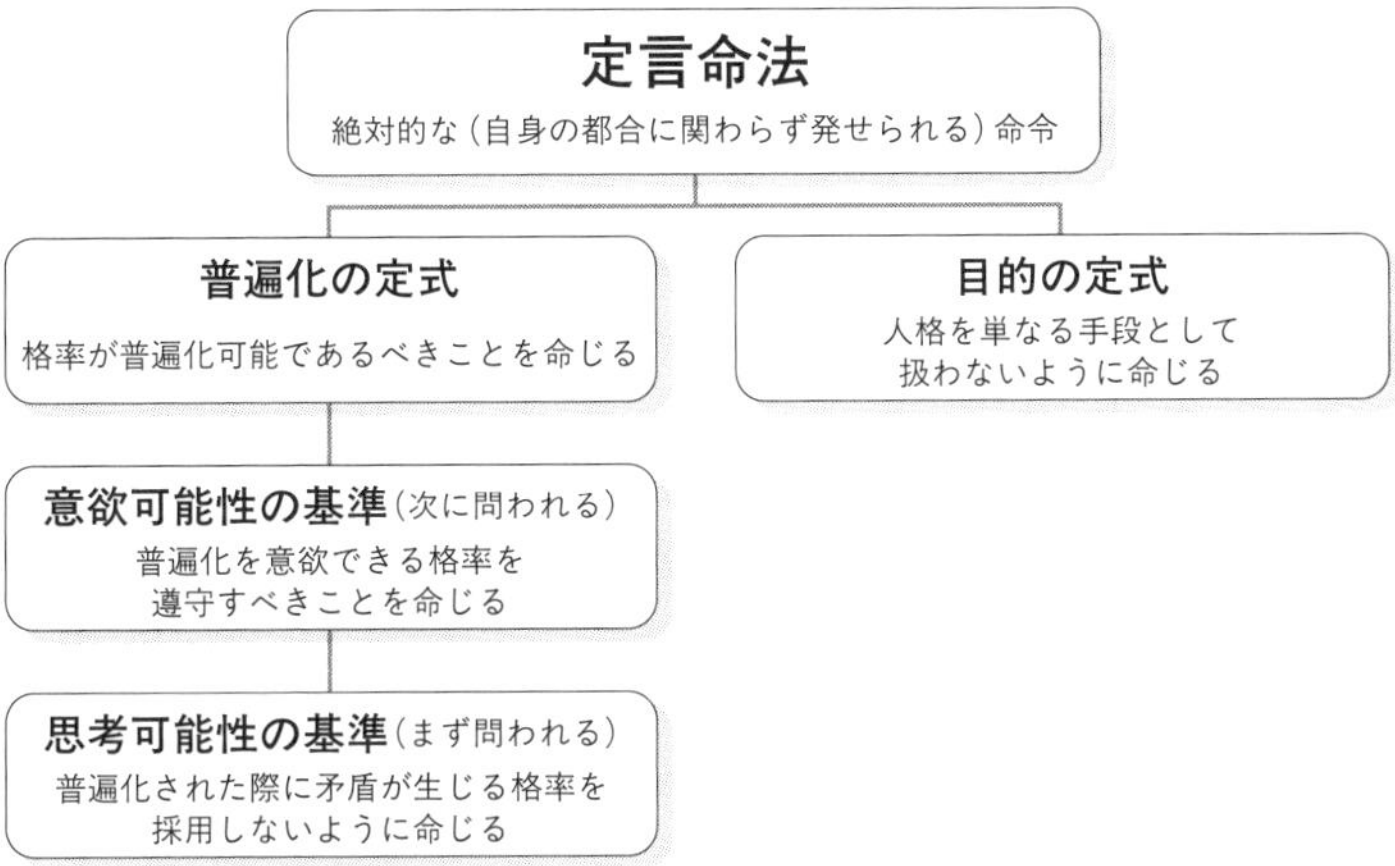
定言命法
絶対的な（自身の都合に関わらず発せられる）命令
普遍化の定式
格率が普遍化可能であるべきことを命じる
目的の定式
人格を単なる手段として扱わないように命じる
意欲可能性の基準（次に問われる）
普遍化を意欲できる格率を遵守すべきことを命じる
思考可能性の基準（まず問われる）
普遍化された際に矛盾が生じる格率を採用しないように命じる

そのことはこれが道徳法則に合致することを意味するのですが、それを実際に、どの程度なすかということは、個々人の判断に委ねられているのです。ボランティアというのは、普通は強制されるようなものではありません。仮にしなかったとしても、それは道徳的に非難されるようなことではありません。この種の、いわば「できたらした方がよい」義務のことを「不完全義務」と呼ぶのです。ここでは、このような義務を導くための「普遍化の定式」の一形式を「意欲可能性の基準」と呼んでおきます。

この「普遍化の定式」に内在する二つの基準の関係性について、まとめると上のようになります（図5参照）。

さらに「完全義務」と「不完全義務」、ならびに、

※122 Ibid. VI 393.

図6 基準と義務の関係

<table>
<tr><th>基準</th><th>義務の種類</th><th>誰に対する</th><th>強制力の強弱</th></tr>
<tr><td rowspan="2">思考可能性の基準（最初に問われる）</td><td rowspan="2">完全義務</td><td>自分に対する</td><td rowspan="2">強い強制力
答えは一義的に決まり、各人に自由裁量の余地はない</td></tr>
<tr><td>他人に対する</td></tr>
<tr><td rowspan="2">意欲可能性の基準（最初の基準をパスしたもののみが問われる）</td><td rowspan="2">不完全義務</td><td>自分に対する</td><td rowspan="2">弱い強制力
何を、どの程度なすかということは各人の選択意志に委ねられている</td></tr>
<tr><td>人に対する</td></tr>
</table>

「思考可能性の基準」と「意欲可能性の基準」との関係性についてまとめると上のようになります（図6参照）。

「思考可能性の基準」によって、つまり、格率の普遍化によって必然的に矛盾が生じる行為というのは、具体的には自殺と虚言（偽りの約束）です。つまり、これらは絶対に許されないのです。他方で、「意欲可能性の基準」によって導かれるのは、自分の能力を陶冶することと、困窮にある他者に手を差し伸べることです。これらは第二部「疑問③」において触れた、「義務であるところの目的」と一致することになります。そして、これも繰り返しになりますが、どの程度その義務をなすかということは、各人の選択意志に委ねられているのです。以上のことを図にまとめると次のようになります（図7参照）。

虚言（偽りの約束）の禁止は強度の強い「完全義務」に含まれています。他方で、困窮にある他者に手を差し伸べることは強度の弱い「不完全義務」に含まれています。つまり、例えば、嘘をつけば多くの人の命を救える状況であっても、「人

図7 基準と義務の関係、ならびに、具体例

基準	義務の種類	誰に対する	例	強制力の強弱
思考可能性の基準	完全義務	自分に対する	自殺の禁止	強い強制力が伴う 答えは一義的に決まり、各人に自由裁量の余地はない
		他人に対する	虚言（偽りの約束）の禁止[※123]	
意欲可能性の基準	不完全義務	自分に対する	自身の能力の陶冶	弱い強制力が伴う 何を、どの程度なすかということは各人の選択意志に委ねられている
		他人に対する	他人の幸福の促進	

命を救わなければならない」という不完全義務よりも、「嘘をついてはならない」という完全義務の方を優先しなければならないという結論になるのです。

ここまでが、カントの義務の分類についてのよく見られる説明になります。はたして、ここまでの説明を読んで、「なるほど」と納得する人がいるでしょうか。あまりいないと思います。多くの人が、あまりに機械的過ぎるという印象を持ったのではないでしょうか[※124]。

カント研究者の側からも「例が不適切[※125]」、「二段階〔「思考可能性の基準」と「意欲可能性の基準」の二つ〕に固執することは誤っている[※126]」、「説得力に乏しい[※127]」等々の手厳しい批判の

※123 ただし晩年の著作では、虚言は「自分自身に対する完全義務」に分類されています。Vgl. ibid. 428ff.

※124 私などは、「意志の大切さを説いていたカントはどこにいってしまったのか？」と思うのです。

※125 Hoerster (1974), S. 45.

※126 細川（二〇一二年）、八五頁。

※127 小倉（一九九一年）、七八頁。

図8 倫理基準たりえない「思考可能性の基準」

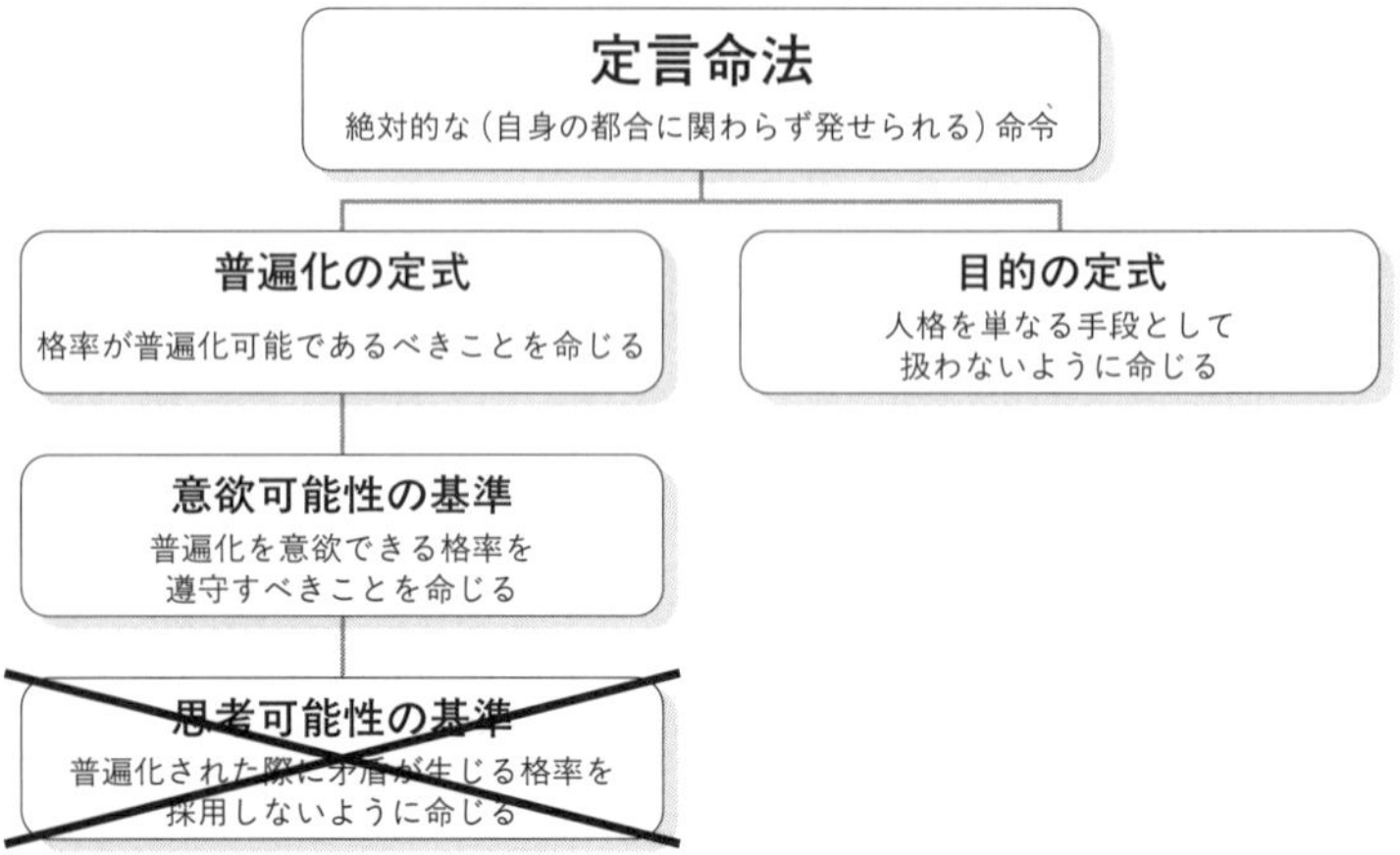
定言命法
絶対的な（自身の都合に関わらず発せられる）命令
普遍化の定式
格率が普遍化可能であるべきことを命じる
目的の定式
人格を単なる手段として
扱わないように命じる
意欲可能性の基準
普遍化を意欲できる格率を
遵守すべきことを命じる
思考可能性の基準
普遍化された際に矛盾が生じる格率を
採用しないように命じる

声が上がっています。個人的に、どれもそのとおりの指摘だと思います。

しかし実際のところ、カント研究者のなかで、このような批判の声を上げるのは極一部であり、大多数は、そもそも言及しないか、言及しても自分の立場を明らかにせずに淡々と説明するか、もしくは、（なんとビックリ）論者によってはこれを正当化しようとするのです。私が「カント原理主義者」と呼ぶ（強烈な「名声の先入観」を抱える）人たちです。

さて、ここから私自身の立場についての話に戻そうと思います。すでにお気づきの読者もいるかと思いますが、本書において私は、「普遍化の定式」について、「意欲可能性の基準」のみを念頭に置いて説明してきました。なぜなら私は、「思考可能性の基準」を倫理基準とは見なさないからです。

このことを踏まえて、私の理解は上の図のようになっています（図8参照）。

「思考可能性の基準」がすっぽり抜け落ちることになります。そのため、「意欲可能性の基準」と「普遍化の定式」は同義になります。

実はカント自身が、「思考可能性の基準」と「意欲可能性の基準」の区分けについて説明をした箇所に注を付して、このような義務の分類について、自身が試作中の問題であることを告白しているのです。[※128] その後も、カントは「完全義務」や「不完全義務」という用語は使い続けるものの、その区分けについての理論的な説明は結局行わず仕舞いだったのです。[※129] このような事情からも、後世のカント研究者が、そのことに触れずに、(ただでさえ問題含みの)「思考可能性の基準」に執着する姿が私には不可解に映るのです。

次節以降、「思考可能性の基準」が倫理基準たり得ない理由について、理論的に説明していきます。

※128 Vgl. Ak IV 421(Anm.).

※129 Vgl. Kersting (1983), S. 406. ケアスティングは、カントの「思考可能性の基準」と「意欲可能性の基準」の区分は『基礎づけ』のみに見られ、その後は「維持しがたい」(unhaltbar)ものとして破棄されたと結論づけています。ただ個人的には、カント晩年の著作にも、「思考可能性の基準」らしきものが用いられている箇所もあるので、意図して完全に捨て去ったとまで言い切れないのではないかと思っています。単にカントの不思慮の現れに過ぎないというのが私の見立てです。

疑問❺ 自殺や嘘の格率が普遍化された場合、矛盾が生じるのでは？

自殺や嘘は、その格率が普遍化された場合に矛盾が生じるので、カント倫理学の枠内では、一切認められないことになる、という説明を読んだのですが、どういうことなのでしょうか？

先ほど第二部「疑問④」において触れたように、カントは「完全義務」の例として、自殺と虚言（偽りの約束）の禁止を挙げているわけですが、そもそも彼にはこういった行為を公に許容する選択肢はありませんでした。

カントが生きていたのは一八世紀のヨーロッパです。キリスト教の影響が非常に強い時代でした。検閲制度があり、その価値観と相容れない主張を展開することは、そもそもできなかったのです。彼の頭の中には、無神論者と見なされたために大学で職を得ることができなかったデイビッド・ヒュームや、やはり無神論者の嫌疑がかけられ大学を追放されたクリスティアン・ヴォルフの姿があったはずなのです。カント自身も著書のなかで宗教的な内容に触れて、プロイセン王の怒りを買い、警告を受けたことがありました。実際に無神論者であるかどうかとは別に、無神論者と疑わること自体が、当時としては死活問題だったのです。

そのことを分かっているはずの現代の研究者が（カントは公になることを前提としていない倫理学講義のうちでは自殺や虚言を許容している事実があるのにもかかわらず）公にされたテキストのうちに見られる自殺や虚言に対して否定的な記述をしている箇所を取り上げて、「カントは一切の自殺や虚言を否定している」と言えてしまうことが私には非常に不可解なのです。女性がＤＶの彼の目の届かないところでは、そのことを匂わしていたとしても、彼を横にしたならば「私はＤＶされています」などとは言えるはずがないのです。虐待されている子供がやはりそれを匂わせていたとしても、親の前では「僕は暴力を振るわれています」などとは言えるわけがないのです。

そもそも、本来問われるべきは、カントの文面にそう読める箇所があるのかという表面的な事柄ではなく、本当に自殺や虚言といった特定の行為の禁止が、カント倫理学の理論から導かれうるのかという点であるはずです。結論から言えば、導けないのです。ここからは、なぜ私がそう言い切れるのかについての説明をしていきます。

先ほど第二部「疑問④」において触れたように、「思考可能性の基準」によって、カントは格率が普遍化された場合に、矛盾が生じるような格率は採用すべきでないと主張しているように読める箇所があること、そして、その実例として自殺と虚言が挙げられているように見える箇所があるのは事実です。では、「矛盾」という語によって、いったいいかなることが意味されているのでしょうか。――実はこれがよく分からないのです。カントはさまざまな説明の仕方をしているのですが、その都度発言内容がブレてしまっているのです。この点については私はすでに別の著書のなかで説明したことがあるので、興味がある方はそちらを参照ください。[※130] そこに書いたことと同じ内容を繰り返してもしょうがないので、ここでは視点を変えて、実際に「思考可能性の基準」が後世の研究者にどのように受け止められてきたかという話をしたいと思います。

世界的に有名なカント倫理学研究者である、クリスティーン・M・コースガードは、「思考可能性の基準」に対して三通りの解釈の可能性を提示しています（つまり、カントが何を意図しているのか判然としないと言っているのです）。

①論理的矛盾解釈
その普遍化を考えること自体が不可能な格率は許容されないという解釈

②目的論的矛盾解釈
自然は目的を有しており、その目的と矛盾する格率は許容されないという解釈

③実践的矛盾解釈
その格率が普遍化された場合に、その格率が持っていた目的が不首尾に終わるような格率は許容されないという解釈

コースガードはそれぞれの解釈に考察を加えるのですが、ここではひとつひとつの議論を追っていくようなことはしません。ここで私が言いたいことは、カントが曖昧な書き方をしているために、三通りの解釈が可能であると彼女が説いていること、そして結論として、三つ目の実践的矛盾解釈がもっともマシではあるものの、結局どの解釈をとっても困難が残ると結論づけていることです。※131

コースガードはこのように「思考可能性の基準」の限界を指摘しているのですが、逆に、擁護しようとする立場も紹介しておきます。御子柴善之は「思考可能性の基準」について、それが倫理基準たりうることを明らかにすべく、以下のように説明しています。

さて、たとえば「試験が来たら、カンニングをして済ませよう」という格率について考えてみましょう。この意志の格率に普遍性があるでしょうか。もしあるとしたら試験の受験者全員がこうした格率をもてることになります。このとき、なにが起きるでしょうか。

※130 秋元（二〇二〇年）、第三部ならびに第五節から第八節参照。
※131 Cf. Korsgaard (1985), pp. 24-47.（邦訳）大庭（二〇二一年）、三頁以下参照。

全員がカンニングするつもりなので誰も試験の準備をしてきませんから、誰の答案も写せません。仮に、それでも誰かが書いた答案を全員が書き写すことがあったとしましょう。このときあの格率が普遍的だとすると、そうした考え方を学校の先生ももっていることになります。この場合、先生はわざわざそうした答案を採点するでしょうか。つまり、「試験が来たら、カンニングをして済ませよう」という格率は、多くの人が試験の準備をしてカンニングをしない場合にだけ成立するのです。[※132]

この説明を読んで、即座に理解し、納得できる人がいるでしょうか。あまりいないと思います。かなり無理のある説明であると言わざるをえません。

この御子柴の説明は、生徒は他の生徒がカンニングしようとしていることを知らず、そのため彼らが勉強してくると思い込んでいることが前提に組み立てられています。しかし、カント自身の「思考可能性の基準」についての説明に沿えば、そうはならないはずなのです。――カントは嘘をつく（偽りの約束を結ぶ）格率が普遍化された場合について論じている文脈では、みんなが約束を守らないことをみんなが分かっているから、誰も約束を結ぼうとしないし、仮に結ぼうとしても誰も信じないはずであると説明しています（ただし、なかにはうかつにも信じてしまう人もいるであろうとも言われています）。[※133] いずれにしろ、ある格率が普遍化された世界では、その格率の内容は、みんなに共有されているのです。その前提をカンニングの例に適用すれば、生徒は他の生徒もカンニングしようとしていることを知っているはずなのです。加えて、御子柴は、生徒たちはカンニングしようとしているのだから、彼らは誰ひとりとしてまったく勉強して来ないはずだとしていますが、この点も怪しいと私は思っています。

このように御子柴の説明では、生徒に関しては、他の生徒がカンニングしようとしていることも、まったく勉強してこないことも知らない設定になっていますが、奇妙なことに、教師の方は生徒たちがみんなカンニングをすることを分かっているため、採点することを無意味と見なし、実際にしないであろうというのです。あるべき結論に持って行くための恣意的な説明に映ります。

また、ここで解せないのは、なぜ教師は何の対策もとらないのかということです。みんながカンニングしようとする世界であれば、なおさら教師の側はしっかりとした対策をとるべきなのではないでしょうか。「みんながズルしようとしていることを分かっているから対策をとらない」という説明は論理が飛躍しています。仮にみんなが刑務所から脱獄しようとしていても、刑務官は何の対策もとらないという帰結にはならないはずです。もっとも、そこに「カンニングであり、脱獄でありが、許される世界であれば」という条件がつけば、先生はカンニングを、看守は脱獄を阻止しようとする理由はなくなります。しかし、引用文にはそうは書かれていません（それを私は

※132　御子柴（二〇一五年）、八七頁。
※133　Vgl. Ak IV 403.

飛躍だと言っているのです)。

ここで、私に対して、「いや君はカントや御子柴の真意を誤解しているよ」と言ってくる人がいるかもしれません。いや、きっといるでしょう。確かに、私が誤解を犯している可能性は私自身では排除することができません。ただ、そこで私の頭に思い浮かぶのは、エピクテトスの以下の言葉です。

まさか徳とはクリュシッポスを理解したことだ、と言うのではないだろうね。もしそうだとしたら、つまるところ進歩とはクリュシッポスの論文をたくさん理解したことにほかならないことになってしまうだろう。※134

クリュシッポスとは、エピクテトスが活躍していた頃に影響力があった、古代ギリシャの哲学者のことです。この部分を「カント」に置き換えれば、私の言いたいことがそのまま伝わるはずです。——もし誰かが、私に向かって、「君はカントの言葉を誤解しているから道徳的善を仕損じているのだ! それどころか、しばしば悪を犯しているのだ!」などと言おうものなら、私は徹底的に抵抗します。そしてそれは私だけではないはずです。——理性を持った人間が、いくら考えても理解できない、または承服できないようなものを、道徳法則や道徳法則違反と見なすような態度は、不可避的に相手を暴力的な仕方で非難することにつながり、多くの人が背を向けることなるでしょう。というか、現状そうなっているのです。それでも構わずに「カント原理主義者」の方々は、これからも同じ態度をとり続けるつもりなのでしょうか。

「思考可能性の基準」については、これまで多くの「カント原理主義者」が、さまざまな例を挙げて説明を試みてきたのですが、どの論者の説明も成功しているとは言い難いのです（次節に具体例をいくつか紹介します）。その多くが、道徳的に許容できないように見え、かつ、普遍化の際に何らかの矛盾が生じるように見える例を恣意的に選び出して、「ほら、説明できているでしょ」と表面的な整合性を取り繕っているに過ぎないのです。しかし、そのような局所的な説明すら実際にはうまくいっていないのです。※135

もし、どうしてもカントを正当化したい、「思考可能性の基準」を倫理基準として見なしたい、ということであれば、そんな表面的な考察ではなく、もっと根本的な部分でカントの言葉と整合性がとれる形で、「矛盾」の定義なり、それを導くための議論の前提となる仮定（公理系）を明確に示すことが求められるのです。それがはっきりしていなければ、私たちは「思考可能性の基準」を現実の生活において運用することなどできないためです。また、もしそれができるというのであれば、その者はカントの挙げているすべての例に絡めて整合性のある説明ができるはずであり、

※134　エピクテトス（二〇二一年a）、三九頁。
※135　「名声の先入観」に囚われるのではなく、カントが誤りを犯している可能性も含めて、もっと自由に考えるべきなのです。

それをすることが求められるのです。欲を言えば、カントの例に留まらず、自らが導いたオリジナルの例を、それもできる限り多く提示してほしいものです。もしそれが、本当に私たちの常識的倫理感に合致するものであり、私たちの日常生活への運用に耐えられるものであるとすれば、たいしたものだと思いますが、そんなことは無理でしょう。※136

疑問6 どうすべきかについて、やはり「答え」「正解」があるのでは？

道徳法則の中身が人によってばらばらで構わないのでしょうか？「法則」と言うからには、その内容は万人に共通のものでなければならないのではないでしょうか？

前節から引き続き、「思考可能性の基準」にまつわる話です。現状では多くのカント研究者が、格率の普遍化によって論理的矛盾が生じるか否かによって、道徳法則（また道徳法則違反）を導けると主張しているのです。そんな同業者に向かって、中島義道は以下のような強烈な一発を浴びせ

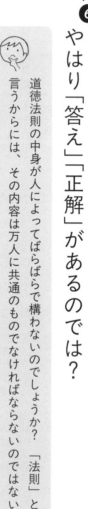

かけています。

多くのカント倫理学を研究している者が、カントにおける道徳法則とは純粋な形式であると真顔で主張しているが、純粋な形式から倫理学が打ち立てられるはずがない。たとえ形式だけから成る倫理学が打ち立てられたとしても、それは論理学と区別のつかないものであろう。※137

中島は、純粋な形式のみを問う思考実験は論理学の手法であり、そんなやり方は決して道徳法則（または道徳法則違反）を導くことはできないだろうことを指摘しているのです。私は中島の倫理学に取り組む姿勢にはまったく共感できませんが、この引用文の主張については強く同意するのです（そして、勇気をもらいました）。※138

※136 少なくとも日本では、カントに関して人物や哲学全般を扱った入門書の類はあるものの、「カント倫理学入門」と銘打ったものや、実質的にそれに当たるものが存在しない理由がここにあるのです。現状のオーソドックスな解釈に依拠する限り、現実への適用（一般の人たちからの吟味）に耐えられる形にはならないのです。そのことを内心で自覚しているのであれば（自覚しているから一般向けに書かないのだろうし）、カントの至らなかった部分に修正を加えるように努めるべきはずなのですが（私はそれこそが倫理学者の務めだと思うのですが）、そういった動きは残念ながらカント研究者のなかでは見られないのです。

※137 中島（二〇一一年）、二〇八頁。

※138 ただし中島の場合は、ここで「思考可能性の基準」のみを念頭に置いているわけではないようです。

中島は、論理と倫理の区別がつかなくなる点を問題視していますが、私はそれよりも重大な問題が生じると思っています。カント倫理学の内部に根本的な不整合がもたらされるという点です。それもひとつやふたつではありません。以下に列挙していきます。

①意志のあり方が不問に付される

「思考可能性の基準」を倫理基準と見なす者（「カント原理主義者」）の理屈では、ある特定の格率が普遍化された際に矛盾が生じるのであれば、そのことはこの格率が内包する行為が禁止されることを意味するのです。これは純粋数学や論理学の記号操作と同様に、一義的に「答え」「正解」が確定することになります。カントは、具体例として、自殺や嘘（偽りの約束）を挙げます。また、論者によっては、先ほど触れたカンニングだけでなく、列の割り込み[※139]や、奴隷所有[※140]などをその例として挙げるのです。（カント自身の例はさておき）これら三つの具体例に関しては、禁止されるという結論自体への直感的抵抗はそれほどないかもしれません。しかしなかには、直感的に受け入れがたい行為を挙げる論者もいます。バーバラ・ハーマンは、一般的に見られるある解釈では以下の二つの格率についてうまく説明できないと言います。ひとつは、クリスマスが過ぎ、値下げされた後でクリスマス商品を購入するという格率です。みんながこの格率を採用した場合、誰もクリスマス前に商品を買わなくなります。すると店側は大量に仕入れることも、延いては売れ残りのセールもなくなります。結果として格率の遵守も当初の目的も不首尾に終わることになります。もうひとつは、日曜日の朝一〇時に教会ではなく、テニスコートに行くという格率です。他の人々が教会に行くことを前提に、空いていることを期待していたものが、実際にはみんながこの格率を採用することで、目的は雲散することになります（遵守可能かどうかは不明）[※141]。

健全な読者のみなさんは「いったい何の話をしているんだ？」と思われたことでしょう。本当にそうなんです。浮世離れした、しょうもない議論なのです。このような形で、さまざまな論者によって、「思考可能性の基準」が適用された結果、実際に多くの行為が禁止されるものの実例に挙げられ、それ以外にも無数の行為が禁止されるだろうという話なのです。至る所に地雷が埋まっているような世界観です。

このような世界観のもとでは、行為主体の置かれた状況や、考え方や、意志のあり方に関係なく、その者が「不正解」を導いてしまった時点で、たった一点それだけの理由で、そこからなされた行為は道徳的悪と判定されるのです。たとえ本人が善意志から行為した自覚を持っていてもです。つまりこれは、善意志からの行為が道徳的善ではない、それどころか悪である可能性をも認めることになるのです。意志の倫理学という側面は瓦解します。

※139 小倉（一九八五年）、一一五頁参照。
※140 Cf. O'Neill (1989), p. 96.（邦訳）オニール（二〇二〇年）、一八七頁以下参照。
※141 Cf. Herman (1993), p. 138.

そして、そこでは道徳的善の範囲は極端に狭く、道徳的悪の領域は膨大なものになるでしょう。

②能力的落ち度が道徳的落ち度に直結してしまう

そのようにして、さまざまな行為が禁止されるということなのですが、それが地雷のように見えにくい形で、あちこちに埋まっているために、私は踏みまくることになるのです。「カント原理主義者」たちは、「ほら「思考可能性の基準」を用いれば、分かるでしょ?」と言うのですが、私には地雷がどこにあるのか本当にまったく分からないのです。

もし私が「不正解」を導いてしまうことが理由で、道徳的善をなすことができない、それどころか、道徳的悪をなしたことになるのであれば、私の落ち度は、私の能力的な低さにあることになります。能力的な低さが、道徳的悪に直結してしまうことになるのです。

付言すれば、ここには不可避的に運も絡んでくることになります。それは二重の意味においてです。まず、才能を備えた者として生まれ、また、それを陶冶する環境で育つかどうかという意味において、加えて、同じ能力を有していても、道徳判断を下す際に、運よく「正解」にたどり着けるケースと、不運にも「不正解」を選んでしまうケースが出てくるという意味においてです。

私は、私のような能力的に高くない人間にも、確実に道徳的善をなすことができると説く理論に魅力を感じるのです。もし能力的に劣る私には道徳的善の道が閉ざされている、控えめに言って、しばしば仕損じることになり、自分の意志とは無関係に道徳的悪を犯すことになるというのであれば、私はそんな（訳の分からない）理論に何の魅力も感じません。

③自分の行為の道徳性が分からなくなる

「思考可能性の基準」を基準にした場合、私には何が「正解」で、何が「不正解」なのか分からないので、自分が道徳的善をなしたのか、悪をなしたのかもまた分からないことになります。いや、もっと言えば、他の人たち、カント研究者たちだって、自分の判断が誤っていないことをどのように確認するのでしょうか。誰もできないことになるのではないでしょうか。

しかしカントは、そんな懐疑論的な立場を明確に否定しているのです。

誤りを犯す良心などというのは無意味である。もしそんなことがあろうものなら、我々は決して道徳的善をなしたのかどうか確信を持つことができなくなってしまうからである。[※142]

この引用文ですが、ドイツ語の原文では「もし」以下の部分は、非現実を表す接続法二式が使用されています。[※143] つまり、ここに彼の真意が表れており、自分が道徳的善をなしたのかどうか自

※142 Ibid. VIII 268.

分自身で確信を持つことができないというような事態を非現実のありえない出来事と捉えていることが読み取れるのです。

関連することについて、すでに本書第一部「悩み⑨」において触れましたが、カントが倫理的善の試金石とするのは、本人も知りえないような深層心理だとか、脳科学の成果によって明らかになる脳の働きといったことではなく、自らが善意志から行為しようと努力していることの自覚なのです。自分がそのことを自覚していれば、それで十分なのです。そこでは道徳的善を仕損じる(つまり、その意志はあるのに、できていないという)可能性は排除されているのです。そのため、同じ「悩み⑨」(本書注53)において引用したように、カントは「すべきこと(当為)は確実になしうる(可能)」と言い切ることができるのです。

④道徳判断が誤りうることになってしまう

ここまで挙げた根拠で、すでに十分だと思いますが、最後に決定的なダメ押しとなる根拠を挙げたいと思います。ここまで私は、たとえ道徳判断を誤ってしまったとしても、道徳性が損なわれることにはならないという方向で説明してきました。しかし、カントは、人が道徳判断を誤ること自体が、そもそもありえないことだとしているのです。先の引用文の直後にカントは以下のように述べているのです。

あることが義務であるかないかという客観的判断については、確かにしばしば誤ることがありうる。しかしながら〔中略〕主観的判断においては、私は誤りようがないのである。※144

「客観的判断については誤りうる」というのは、みんなが道徳法則だと思ったものと、行為者が道徳法則と判断したものが異なるということです。しかし、そのことは道徳法則でないものを道徳法則と見なした（つまり、道徳判断を誤った）ということでも、そのためそこに道徳的善性が認められないということでもないのです。ここで問われるのは、（客観的な視点に立った上での）主観的判断なのです。主観が道徳法則と判断したものが、道徳法則なのです。

ちなみに、直近の引用文（注144）の「（道徳判断に関して）私は誤りようがない」という文面と、その前の引用文（注142）のうちにあった「誤りを犯す良心などというのは無意味」という文面は、内容的に完全に一致します。このような（道徳判断や良心は、少なくとも主観的には、誤りを犯すことはないという）主張は、カントのさまざまなテキストのうちで何度も繰り返されていることから、決して一

※143　英語で言うと、例えば、「私が鳥だったら」というのは、非現実ですからやはり接続法を使用し、動詞は「am」ではなく「were」を使い、「If I were a bird」となるのと同じ理屈です。
※144　Ibid. VI 401.

過性のものではなく、カント自身の強い思い入れがあったことが窺えるのです。[※145]

このあたりで総括的に、カント哲学全般における、道徳法則というものの位置づけについてまとめておきたいと思います。――カントは、それ以前の哲学者たちと異なり、一方で（一定の年齢にあり、障害もなく、極限状態等にない限り）万人に理性が備わっているのであり、そのため自らの頭でともに考えることができるとしながらも、他方でその限界についても自覚していました。例えば、神や死後の世界などは、私たちの理性の限界を超えた対象であり、そのため認識することは不可能であると捉えていました。

ただ、その話の流れで言うと、道徳法則なるものも、絶対的なものであり、認識不可能という結論になりそうなものですが、しかし、もしそうだとすると、困った事態をもたらします。――仮に道徳法則が私たちにとって認識不可能なものであるとすると、私たちは道徳的善をなすことができない、控えめに言っても、その履行がままならないことになってしまうのです。

それを避ける形でカントは、独断的な仕方で、道徳法則の認識可能性を認めるのです。

私たちは世界に存在する超感性的なもののなかで、ただ法則だけが、道徳的という名のもとで、アプリオリに、従って、究極目的だけが可能な、ただ実践的意図のうちに限り、独断的に認識する。[※146]

なぜ、道徳法則は独断的な仕方で認識できるのかというと、ここで先ほど紹介した、道徳判断に「正解」「不正解」など存在しないという構造が活きてくるのです。「正解」「不正解」がない以上、自身で主観的にお墨付きを与える他ないのです。こうして絶対的な存在である神や死後の世界などは私たちには認識不可能でありながら、他方で同じく絶対的な存在である道徳法則は確実に認識しうるという理屈が成り立つのです。

関連して、カントは道徳法則に関して、「我がうちなる道徳法則※147」という言い方をしています。私のうちに存在しうる道徳法則が、私にとって誤りである可能性は排除されているのです。同じことですが、私が則るべき道徳法則が、私の外に、私とは独立に、どこかに存在しているわけではないのです。他方で、私の外に存在する頭上に光る星々だの、当時の人がその認識を渇望した神や死後の世界等は、（仮にあるとしても）私たちの外に存在するものであるために、独断的に認識する道は絶たれているのです。

このような、神や死後の世界は私たちには認識できないが、道徳法則であればそれができるという帰結であり、また、その理論的構造は、今日を生きる私たちにも常識的感覚にもとづいて難

※145 Vgl. ibid. 185ff.; ibid. VIII 267f.
※146 Ibid. XX 295.
※147 Ibid. V 161.

なく受け入れられる内容と言えるのではないでしょうか。このようなカント哲学の建て付けを前に、私などは「ホント〜によくできているなぁ」と感嘆の念を抱くのです。

疑問7 自殺や嘘はすべて「目的の定式」によって禁止されるのでは？

自殺や虚言は、人格を手段としてのみ見なすことになるので、一切許容されないと聞いたのですが、違うのでしょうか？

まずは自殺について、カントが「目的の定式」と絡めて説明している箇所を見ていきましょう。
そこでは以下のように説明されています。

> **もし彼が困難な状態から逃れるために、自分自身を破壊するなら、彼は人格を、生を終えるまでそう悪くない状態を保つための手段として使用として使用するわけである。しかし、人間は何ら物件ではない。したがって、ただ手段としてのみ使用されうるあるもの**

ではなく、すべての彼の行為にあたって常に常に自身における目的と見なさねばならない。それゆえ、私は私の人格における人間性を勝手に処理して、これを傷つけたり、台無しにしたり、あるいは殺したりすることはできないのである。※148

この文面を読んで、カントが一切の自殺を禁止しているとは読めないでしょう。彼は明らかに、「困難な状態から逃れるため」「人格における人間性を勝手に処理する」自殺を戒めているのです。そして、他のケースについてはまったく想定されていません。

もっとも別の著作では、他のケースについても考察が加えられています。そこでは君主が自分が犠牲になることで国を救うケースや、自分が不治の伝染病にかかり、このまま生きていると病気を広めてしまうことになるケースについて、それでも自殺は許されないのか、という問いを立てているのです。※149ところが、カントはこのような問いを発しただけで、問いには答えませんでした。先ほど（第二部「疑問⑤」において）も触れたように、カントには自殺を許容する姿勢を明確にする選択肢はなかったのです。

また、カントは自分の人生の苦しみから逃れるための自殺を想定しているということですが、本

※148 Ibid IV 429.
※149 Vgl. ibid VI 423f.

当に苦しみから逃れるための自殺の一切が道徳的非難に値するのでしょうか。私は疑わしいと思っています。というのも、自殺するほど苦しんでいる人というのは、もはや正常な判断が下せないような状態にいるはずだからです。まともに理性が働かないような状態でなされた行為に（「普遍化の定式」に絡めようが、「目的の定式」に絡めようが）、本来道徳的責任を帰することはできないはずなのです（第二部「疑問①」でも触れた、倫理性が関わるものの、意志の介在しない行為の一例と言えます）。もし、道徳的善悪が理性であり、意志でありに存する立場を堅持するのであれば、自殺が、たとえ苦しみから逃れるための自殺に限定したとしても、その一切が道徳的悪であるなどという帰結には絶対に至らないはずなのです。

続いて、カントが虚言について、少し具体化して、偽りの約束を結ぶことについて、「目的の定式」と絡めて説明している箇所を見ていきましょう。

他人に偽りの約束をしようと目論んでいる人がただちに洞察するであろうことは、自分は他人をただ手段としてのみ利用しようと欲しており、その際にこの他人は、同時に〔このような行為の〕目的を自らのうちに持つことがないということである。※150

先ほどの考察した自殺については、カントの説明では自分が苦しみから逃れるための自殺という条件がついていました。他方で、偽りの約束に関しては、はっきりとした条件は付されていいません。ただ、すべての偽りの約束を念頭に置いた上で、それが「ただ手段としてのみ利用しようと欲して」いることに必然的に結びつくかのような説明がなされています。しかし、これには賛同しがたいでしょう。相手のことを考えて、自分の都合とは無関係に、偽りの約束を結ぶということもケースも十分想定できるはずだからです。私に言わせれば、偽りの約束を結ぶことと、人格を単なる手段としてのみ利用することは、まったく別の事柄なのです。

そもそも、この種の議論をしていると必ず話題が及ぶのが、偽りの約束にしても、嘘にしても、その定義の問題です。口に出すのはダメで、そうでなければ許されるという話ではないはずです。例えば、誤解を招くようなジェスチャー、装った表情、写真の加工、カツラ、厚化粧、整形手術など、似たような構造の振舞いなどいくらでもあるわけです。「本当は右だけど、「左」と言うと嘘になるから、指で左を差すに留めた。嘘はついていない」などと言う者がいれば、相手を怒らせるか、もしくは呆れさせることになるでしょう。また、避けて通れないのが、程度の問題です。写真の加工の場合、「まあこれくらいなら」というレベルのものもあれば、「いや、これはやり過ぎだろ。もはや本人なのかどうかも判別できない」というレベルのものまであるわけです。必ず程度の話題となり、そして、明確な線引きなどできないという帰結になるのです（関連することは、この後「疑問⑩」においても取り上げます）。私に言わせれば、ある特定の行為について絶対的に悪など

※150 Ibid. IV 429.

という姿勢は、ほとんど無意味であり、何も言っていないのと同じです。

疑問8 格率が変化しないとすると、可変的な状況に対応しきれないのでは？

格率とは規則のことでした。ということは、それは一度限り有効なのではなく、時間的な継続性を持って履行されるべきものであるはずです。しかし、規則というのは杓子定規に適用していくと、自身が置かれた現実との間に齟齬が生じてくるのではないでしょうか？

格率とは、カントによれば「意志が自らの自由を使用するために自分自身に設ける規則[※151]」のことでした。それは「規則」というからには、一度きりの使い捨てであったり、コロコロ変化するようなものではなく、「持続性」(Beharrlichkeit)[※152]と「不変性」(Unveränderlichkeit)[※153]を有するものであるはずです。

この格率という概念が、「思考可能性の基準」と相性が良いことが察せられると思います。これまで「思考可能性の基準」によって、特定の行為が禁止され、それが格率という形となって、状況如何にかかわりなく持続的に適用されるものと理解されてきたのです。

しかし同時に、これが杓子定規な方向に向かうこともまた容易に察することができるでしょう。自分が何をすべきか、また、すべきでないか、ということは本来、かなりの部分において、その場の状況に依存していることは否定しがたいだろうからです。例えば、功利主義者であるリチャード・ヘーアはカント倫理学への批判として、一般論として借りていたものは約束どおりに返すべきであるが、拳銃を錯乱状態にある持ち主に返却することを要求するような道徳原理はあまりに単純過ぎるだろうことを指摘しています。[※154]（カント批判として正鵠を射ているかどうかは別にして）言いたいことはよく分かります。

ここでの困難を端的に言い表すと、格率というものを一度導き、状況如何にかかわらず、常に特定の行為を命令したり、禁止したりしてしまうと、現実に直面する複雑な状況下において、齟齬をきたすことになるのです。

このような困難を回避する術として、ここで注意すべき点は、格率には大きく分けて二つの型

※151 Ibid. VI 21.
※152 Ibid. 67.
※153 Ibid.
※154 Cf. Hare (1972), p. 13.（邦訳）（ヘーア（一九八一年）、二二頁参照。

が存在するという点です。ひとつは、「最上位の格率」（oberste Maxime）と呼ばれるものです。カントは具体的に以下のような格率を挙げています。

一　自分で考えること、
二　自分を他人の立場において考えること、
三　いつでも自分自身と一致するように考えることである。[※155]

見てのとおり、これは本書において何度も言及してきた、誰もが則るべき三つの原則と重なり合うことになります。

この種の格率の長所は、具体的な行為は規定せずに、「考え方（思考様式）」[※156]を表しているに過ぎない点です。汎用性が高く、「変わらざる戒めとされる」[※157]のです。

ただし、この長所は短所にもなりえます。具体的な行為を規定しないということは、結局、具体的に何をしていいのか分からないのです。このままでは行為に結びつかないのです。そこで、現実への適用のためには、（ひとつの）最上位の格率を具体化する必要が出てくるのです。カント曰く、「実践的判断力を通じて、規則において一般的に（抽象的にin abstracto）述べられたことが、ある行為へと具体的に（in concreto）適用されるのである」[※158]。このような手続きを経て具体化された格率は「従属的格率」（untergeordnete Maxime）と呼ばれるのです。

この段に至って格率は、はじめて自らの置かれた状況に鑑みた、具体的行為を伴ったものとなるのです。格率概念をこのように重層的に理解することで、（少なくとも最上位の格率は）不変的でありながらも、かつ、複雑な状況の変化にも対応可能な普遍的格率（こちらは従属的格率）を導くことができるのです。
ひとつ具体的な事例を挙げて説明すると、弟子たちの書いた伝記によると、カントは「できる限り病気をしないように、生涯を通じて活動できるように努める」という「最上位の格率」を持っていたそうです。[※159]そして彼は、それを毎日、具体化させて、「一日一本までしかたばこは吸わない」といった「従属的格率」を立てていたというのです。[※160]
カント倫理学は、しばしば「杓子定規」「融通が利かない」というような批判のされ方がされるのですが、実際には格率を重層的に理解することで、行為者の置かれた現実に即した、柔軟性を備えた格率を導くことができるのです。

※155 Ak IX 57.
※156 Ibid. VII 220.
※157 Ibid. 228.
※158 Ibid. V 67.
※159 Borowski/Jachmann/Wasianski (1912), S. 52.（邦訳）ボロウスキー／ヤッハマン／ヴァジャンスキー（一九六七年）、六三頁。
※160 Ibid. S. 130f.（邦訳）同書、一七六頁。

疑問9「絶対的」「普遍的」をどのように理解するか？

カントは定言命法の命令について、「絶対的」「普遍的」という表現を用いています。これは「いつでも」「どこでも」という意味ではないのでしょうか？

これまでカント倫理学は、多くの研究者によって、特定の行為を「いつでも」「どこでも」禁止する思想として理解されてきたわけです。[※161]それをカント研究者の側は無理にでも正当化しようとして空回りし、非カント研究者はその現実離れした理論を批判するということを繰り返してきたのです。

その困難の原因については、すでにかなりの部分明らかにしました。ひとつは「思考可能性の基準」を倫理基準と見なす態度であり、もうひとつは、最上位の格率と従属的格率という区別を無視して、格率について常に特定の行為を規定するものとしてしか捉えない解釈です。ここで、さらにもう二つの原因というか、それに加担したと思われる二つの用語について触れておきたいと思います。それはカント自身の用いる「無条件」と「普遍性」という用語です。

まずは「無条件」の方からです。彼は定言命法について「無条件的」な命令と表現しています。「無条件的」という表現だけを目にすると、確かに条件に関わりなく、「いつでも」「どこでも」妥当する、という意味であると思い込んでしまうかもしれません。しかしカント自身は、この語を「いかなる〔個人的〕な関心にももとづかず[※162]」という意味で用いているのです。それは単に「非利己的な善意志から」という意味であり、決して「いつでも」「どこでも」といった意味ではないのです。

カントは定言命法の対概念として仮言命法というものを考えています。これは利己的な都合から立てた命令（正確には「規則」や「助言」）のことです。つまり、「利己的な都合にもとづいて」ということです。もし定言命法が、「いつでも」「どこでも」という意味であったとすれば、利己的な都合によって立てられる仮言命法と対概念にならなくなってしまいます。定言命法が「利己的な都合にもとづかず」という意味であって、はじめてそれは仮言命法と対概念になるのです。

誤解の原因となっているであろう語のもうひとつは、「普遍的」という用語です。カントは定言命法の「普遍化の定式」によって格率が普遍的な視点から意欲可能であるべきことを説いているのですから、「普遍的」という語が非常に重要な役割を持つことは明らかで、もしこの語が、あらぬ方向に理解されるとすると、カント倫理学全体の像が歪められることになるわけです。

※161　嶺（一九九九年）六三頁。「これがいわゆる定言命法（いっさいの条件・前提をぬきにした端的な命令）としての道徳法則である。」尾田（二〇〇〇年）、四一頁。「前者は「もし仮りに、……ならば、……せよ」と命ずるから仮言命法とよばれ、後者は断言的に「……せよ」と命じるから定言命法とよばれる」。

※162　Ak IV 432.

この「普遍的」という用語ですが、日常生活の上では確かに、「いつでも」「どこでも」という意味で使用されることがあります。しかしそれは、本来の意味から派生したものなのです。これは辞書的な意味としては、「ある範囲におけるすべてのものにあてはまるさま[※163]」なのです。ここには「いつでも」「どこでも」という意味は含まれていません。それどころか、「ある範囲において」という但し書きを付して、決して「いつでも」「どこでも」ではないことをわざわざ断っているのです。この「すべてのものにあてはまる」ということは、道徳法則の文脈では、「すべての人にあてはまる」となるのです。

カント自身、状況に一切影響されない「思考可能性の基準」を一生懸命、倫理基準と見なそうと四苦八苦していたように見える時期があるので、少なくともその前後では、彼自身「普遍的」の意味を誤解・誤用していた可能性を排除できないと思います。[※164]しかし、カント自身は本来の意味で理解し、使用している箇所があることもまた事実なのです。例えば、彼は晩年の著作において、「普遍的立法の資格を持つ」という表現を用い、そこに「すなわち」という接続詞をつけて、「利己的ではありえない格率に従う[※165]」こととして説明しています。また、その直後には、それが（私自身を含めた）「あらゆる他の人々[※166]」に妥当するものであることが語られています。少なくともこの文脈では、カントは「普遍的」について、「すべての人にあてはまる」という本来の意味で使用しているのです。そうである以上、わざわざ不整合が生じるような解釈を採用することはないでしょう。

疑問⑩ 就いてはならない職業というものがあるのか？

カントは性産業や常備軍に従事することに否定的であると聞きましたが、実際のところどうなのでしょうか？

カントのテキストのうちに、そのような解釈を許す箇所があることは事実です。これは行為者の置かれた状況や、その人の内面を無視するという点で、自殺や虚言の一切が禁止されるか否かという問いと問題の構造が重なると言えそうです。

まずは性産業で働くことの倫理的意味について考えてみたいと思います。カントは倫理学講義のなかで金銭を得て性的な奉仕をする職業について以下のように述べています。

※163 『広辞苑』（二〇〇五年）、「普遍的」の項。

※164 中島（二〇一一年）、一四八頁参照。中島は自然法則には本来「いつでも」「どこでも」という役割は備わっていないのに、カント自身が誤解、誤用している点を指摘しています。

※165 Ak VI 451.

※166 ibid.

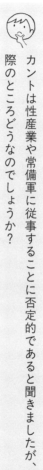

ある人が、利害関係から己を他人の性欲の満足の対象として使用させておくならば、すなわち、ある人が己を他人の欲望とするならば、彼は己の人格を物件として処置し、人格を物件とすることになる。[※167]

カントが念頭に置いているのは、当時は合法であった売春であると思われますが、日本を含めた先進国では現在は違法となっているので、ここでは売春は除いて、合法である性産業に絞って話を進めたいと思います。

もし誰かが、「性産業に従事することは、自身の体が単なる手段としてのみ使用されることになるために、従事すべきでない！」と説いたとしたら、みなさんは何を思うでしょうか。納得できるでしょうか。

私は納得できません。そこでなぜ私が納得できないのかについて、以下に説明していきます。

まず、先の引用文では「目的の定式」が念頭に置かれていることは明らかでしょう。それは、人格を単なる手段として見なすべきではないことを謳うものでした。あくまでこれは、見なす側の問題です。つまり、非難されるとすれば、人格を単なる手段としてのみ見なす側であるはずなのであり、決して見なされる側ではないはずなのです。その理屈を性産業の話に適用すれば、非難されるべきは、性産業従事者を単なる手段として見なす側なのであり、決して性産業に従事する側ではないはずなのです。

第二に、これはまさに第二部「疑問⑤」において触れた、偽りの約束や嘘とはいかなるものなのか、そして類似の行為も含め、そうであるかどうかの明確な線引きなどできるのかという問題と重なり合います。「性欲の満足のための職業」というのも、いくらでもグレーゾーンとなりそうな職種が思いつきます。例えば、飲食店の水商売や（グラビア）モデルやアイドルなどです。水商売ひとつをとってもピンからキリまであります。――私が大学生の頃、家が裕福ではなく、自分でお金を稼いで大学に通っている女学生がいました。彼女はアルバイトの内容について、お客さんとお酒を飲んで話をするだけで、それ以上のことはしないと強調していました。彼女からすれば、もっと露骨な性を前面に押し出した仕事もあるなかで、一緒にしてほしくないという思いがあったのでしょう。

もし明確な線引きをするための基準があるというのであれば、それを示すべきであって、その点がはっきり示されておらず定義が曖昧であるということは、禁止される理由も曖昧であるということを意味するのであり、それでは説得力に欠けると言わざるをえません。

第三に、この点も線引きの問題に関連しますが、合法であることを前提として、職業自体に、忌むべきものと、そうでないものの区別を導入することは、職業差別を肯定し、助長することにつながるのではないでしょうか。私は、カントの思想というのは、容姿や行動といった見た目、さ

※167　Ibid. XXVII 387.

らには職業柄といったその人の属性によって道徳性を決めつけたりしない点に大きな特徴であり、魅力があると思っています。単なる職業柄からその人の道徳性まで決めつける態度がカントの思想と調和するとは私には思えないのです（もしくは道徳的悪を問題にしているのではないのでしょうか。だとしたら、何の悪性を問題にしているのでしょうか）。

似たような構造は、カントの常備軍についての言明にも当てはまります。ロシアがウクライナに侵攻して以降、カントの平和論に注目が集まっています。というのもカントは『永遠平和のために』という著作において、その名にも表れているように、永遠平和の実現のための筋道について語っているためです（ただしカント自身も、それは理念に過ぎないのであり、実現できるとは考えていませんでした）。

とりわけ、それが非常に独創的であるため、しばしば引用され、そして、言及されるのが、常備軍は徐々に廃止されなければならないという主張です。※168 では、その根拠な何なのでしょうか。二つ挙げられています。ひとつは軍拡競争につながる点です。そうなると軍事費がかさみ、戦争している方が負担が少なくなるために、先制攻撃に結びつくというのです。二つ目の理由が、先ほどの性産業に従事することと同じ「目的の定式」によって退けられるという理屈です。

人を殺したり、人に殺されたりするために雇われることは、人間が単なる機械や道具としてほかのものの（国家の）手で使用されることを含んでいると思われるが。こうした使

用は、我々自身の人格における人間の権利とおよそ調和しないだろう。[※169]

ここでは常備軍の軍隊に属する者は、人殺しのためだけに職務に就いているのであり、そのために許されないことが説かれているようにも見えます。そして実際、しばしばそのように解釈された上で、カント倫理学から必然的に導かれる帰結として肯定的に語られることがあるのです。[※170]

しかし、常備軍に属することを忌むべきものとするのは、性産業に従事することを忌むべきことするのと、同じ困難を見出すことができます。カントの「目的の定式」とは、他者を単に手段としてのみ見なすことを戒めるものでした。その責があるとすれば、それは人格を単なる手段と見なす側なのです。決して単なる手段として見なされる側ではないはずなのです。常備軍の例に絡めて言えば、「常備軍に属する人たちを単なる手段としてのみ見なすな！」という方向で論を張るならば理解できますが、「単なる手段として扱われることになるから常備軍に入るな！」とい

※168 Vgl. ibid. VIII 345.
※169 Ibid.
※170 宇都宮（二〇〇八年）、一二八頁。「これは国家についても言えることで、国家は国民といえども戦争のためのたんなる道具として手段的に扱ってはならないのである。常備軍の廃止は、カントの倫理学からも帰結する条項である」。御子柴（二〇一五年）、一七〇頁。「常備軍をもっている国家は、それだけで他国に対する敵対行為をしていると言えます。なぜなら常備軍をもつことで、いつでも戦争を始められますよ、と言っているのに等しいからです。さらには、常備軍に雇われ訓練を受ける人は、殺し殺される場に立つ人になるわけですが、それはカントにしてみれば国家が個人をたんなる手段にすることです。これは、先に紹介した定言命法に反していますね」。

うのでは、話がアベコベです。

そもそも本当に、常備軍に属すると、その人たちは必然的に単なる手段としてのみ扱われることになるのでしょうか。もちろん、そんなことはありません。私はドイツに住んでいますが、ドイツ国軍やＮＡＴＯの軍人は、とりわけロシアによるウクライナ侵攻以降、大いに感謝され、尊敬されています。もし「いや、きっとみんな彼らを内心では単なる手段として見なしているはずだ！」なとと言う人がいれば、とんだ決めつけであり、またそれは、発言者自身が常備軍に属する人たちを単なる手段と見なしていることを白状していることになり、非難されるべきは、その人の姿勢の方であるはずです。

ただ一部の解釈者たちは、誰か特定の人が常備軍の人を単なる手段としてのみ扱うことを念頭に置いているのではなく、主語を「国家」として理解しています。[※171]個人ではなく、国家が常備軍の人たちを単なる手段として見なすことになるからケシカランという理屈です。しかしこれは、もともと特定の人が人格を単なる手段としてのみ見なすことを戒めていた「目的の定式」の話から明らかに話が逸脱、飛躍しています。[※172]

関連することとして、「目的の定式」がもともと想定していた「個人対個人」のあり方についてであれば、カントは人格を単なる手段としてのみなすことを直ちにやめるべきことを求めるはずです。ところが、この常備軍の話に関しては、徐々に削減すべきことを説いているのです。[※173]つまりカント自ら、今すぐにやらなくてもいいと言っているのです。また、いつまでにやればよいのかについても明らかにしていないのです。言い方によっては、カントは現状では許容しているとも言え、この点でも何が問題なのか自分で不明瞭にしてしまっているように見えます。

続く二点目も、性産業に従事する文脈と同じで、定義の問題です。一言で「常備軍」（stehende Heere）と言っても、いくらでもグレーゾーンが考えられるわけです。例えば、スイスやオーストリアは永世中立国ですが、それでも常備軍を有しています。この位置づけはどうなるのでしょうか。また戦争放棄を謳っている日本の自衛隊も似たような存在と言えるでしょう。※174 この点（軍隊の形態に関して）カントが念頭に置いているのは傭兵である（つまりカントが戒めているのはお金目当てに戦争に参加する人たち）という解釈もあります。※175 いずれにしろ一言で「常備軍」と言っても何を指すのか判然としないのです（このことは常備軍の何が問題なのか判然しないことと表裏一体なのです）。

※171 本書注170参照。

※172 もっとも、カントのテキストのうちには、国家が人格を持つものとして、人間に見立てるような話も出てきます。(vgl. Ak VIII 344) しかし、そこで言われていることは、国家同士のやり取りについてであって、国家の国民に対する話はなされていません。または、国家は三つの権力、すなわち、立法・行政・司法からなり、それは「普遍的に結合された意志を三重の人格において含む」(ibid. VI 313) という言い方がされている箇所があります。ここでは国家と意志が結びつけて語られた後で、「賛同」(Beistimmung) (ibid. 314) や「投票」(Stimmgebung) (ibid.) についての話が続き、大意としては国家が民意（国民の意志）の上に成り立っているという主旨であって、倫理や善悪の話がされているわけではありません。

※173 Vgl. ibid. VIII 345.

※174 高田（二〇二〇年）、一七一頁参照。高田は、カントの言う常備軍は日本の自衛隊も含むという解釈を示していますが、明確な典拠は示されていません。

そして、これまた性産業に従事している人たちの文脈でも述べたことですが、もし常備軍の軍人たちが、常備軍の軍人であること、たったその点だけを理由として非難されて然るべきであるとすると、そこにあるのは職業差別に他なりません。私はカントがそのような立場の論者であるとは思えないのです。

最後に私の個人的な立場についてはっきりさせておくと、例えば、「性産業に従事することで十分なお金を稼ぎ自分の子供を一人前に育てる」という格率も、他方で、「自分の性を売りにするような生き方はしない」という格率も、「軍人として祖国を守る」という格率も、他方で「私は軍隊に身を置くようなことはしない」という格率も、どれも道徳法則に合致する可能性があると思っています。個々の行為と同様、職業選択に関して、そこに万人が則らなければならない「正解」「不正解」があるわけではないのです。

疑問11 無意識に道徳法則に従えるのはよいことでは？

カント的には理性を介さないと道徳的善は実現しないということですが、理性なしの道徳的善というのは本当にありえないのでしょうか？ むしろ（理性を介さず）無意識的に道徳法則に合致する行為ができる方が、よりすぐれているとは言えないのでしょうか？

ここまでに何度も繰り返してきたように、カントに言わせると、道徳的善のためには、自分で考え、自ら決断を下すという、理性的営みが必要なわけです。しかし、みなさんのなかには、理性的な考慮など経なくとも、自然と道徳法則に従えることの方がより望ましいのではないかと思った人もいるかもしれません。

実際に、カントが生きていた時代に、そう考えた人がいました。詩人・作家として有名な、フ

※175 萱野（二〇二二年）、三二頁参照。もしカントの言う「常備軍」が傭兵に限られるとすると、そうでない常備軍は当然、許容されることになります。ただ、カントの言う常備軍を傭兵に限定するとなると、一般的な軍隊についてカントが一切触れていないことになるので、いささか無理があるように思えます。

リードリッヒ・フォン・シラーです。彼は自らをカント主義者と称していました。[※176] しかしながら、彼はカントの枠内に留まるつもりはありませんでした。一方でカントの説く（善意志の宿る）道徳的善を認めながらも、（善意志ではない）より高次の善をも想定しているのです。

どういうことかというと、例えば、ある人が、善意志からボランティア活動をするとします。カントもシラーも、そこに道徳的価値を認めます。しかし、毎日ボランティアをしていることで、そのうちに理性や意志を用いなくとも、自然と体が動くようになるとします。カントの理屈では、そこにはもはや道徳的価値は認められないのです。そのような状態について、カントは以下のように説明しています。

習癖とは、これまで振舞ってきたのと同じ仕方で今後もさらに振舞うという物理的な内的強制である。そうした強制によって、習癖は、善なる行為からもその道徳的価値を奪ってしまうのであるが、なぜなら、習癖は心の自由を蝕み、ついにはまったく同じ動作を何も考えずにただ繰り返す結果となり、それでもって、笑うべき対象となるからである。[※177]

カントの理屈では、意志のうちにのみ道徳的善は認められるのですから、行為が習慣化して、もはやそこに意志が介在していないのであれば、そこに道徳的価値を認めることはできないことになります。
他方のシラーは、カントのこの点に同意できませんでした。シラーは、道徳法則に適った行為を繰り返すことが常態化して、体が自然と動くようになったのであれば、それは依然として道徳的に善なる行為であると考えたのです。彼はそれどころか、そこに単なる道徳的善を超えた、さらに美的でもある行為を見たのです。以下のように表現されています。

この男だけが、自己を犠牲にすることを、求められることもなく、また、いろいろ思い煩うこともなく、救助の手を差し伸べたのです。この男だけが自分の義務をあたかも本能的な行為のように果たしたのです。——してみれば、道徳的行為は、自ずと生じる自然の作用のように見えるときにはじめて美的行為になるのでしょう。※178

シラーは道徳法則に適った行為を思い煩うことなく、「容易に」(mit einer Leichtigkeit)※179なせるようになることを望ましい状態と捉えているのです。これは理性であり、意志を介すことなく、「容易

※176 Vgl. Schiller (1992), S. 322.
※177 Ak VII 149.
※178 Schiller (1992), S. 198.(邦訳)シラー(一九七七年)、四一頁。
※179 Ibid. (1962), S. 287.

さ」（Leichtigkeit）[※180]を備えた行為のうちに道徳的価値を認めないカントとは対照的な立場と言えます。シラーは引用文にあるように、自然衝動のように道徳法則に則ることのできるような行為を道徳的善であり、かつ、美的な行為と見なし、そこには「美しい魂」が宿ると考えたのです。

では、どうすればこの「美しい魂」の状態に至ることができるのでしょうか。ここが難しいところで、とりあえずはカント倫理学に則るということになるでしょう。つまり、最初のうちは理性であり、意志でありを働かせていても、それを繰り返すうちに、自然と体が動くようになるとシラーは考えているのではないでしょうか。

確かにそれで、ある程度の期間は、うまくいくかもしれません。しかし、長期的なことを考えると疑問符がつきます。――人とは理性を介在させずに習癖的に、つまり、惰性で動いていると、必ず感情由来の傾向性が顔を覗かせ、そして、それが徐々に前に出ていくことになるからです。そうなると行為の質は必ず劣化していくことになるのです。第一部「悩み⑯」において取り上げたような、当初は人や世の中の役に立ちたいという志を持って倫理学研究をはじめたものの、そのうちにテキストを解釈したり、書いたり、議論したりすること自体が楽しくなってしまい、初心を忘れてしまう、といったことはその典型と言えるでしょう。どんな職業でも起こりうることなのだろうと思います。

以上のような理由から、私はシラーの立場には与しません。ただここで、彼の問題提起を呼び水として、カント倫理学への批判となりうるかもしれない論点について触れておきたいと思います。シラーは、カントが理性のうちにしか道徳的価値を認めない点に不満を持ったわけです。もっと言えば、カントは理性に発する意志のうち、それも善意志のうちにしかそれを認めないわけです。そして、この善意志というのは、利己性がほんの少しでも混じっていてはならず、純度一〇〇パーセントでなければならないのです。このように表現すると、その範囲があまりにも狭く、また、非常に困難であるように思えないでしょうか。※181

道徳的善が動機のうちにある、非利己的な動機のうちにあるという点には共感できるものの、意志であり、善意志のうちにしかないという点には賛同できない、または判断を保留せざるをえないという人もいるかと思います。道徳的善はどこにあり、その範囲はどこまでなのかということについて、カントから離れて自由に考えてみる、議論してみる意義はあるのではないでしょうか。

※180 Ak VII 147.

※181 関連することで、例えば、人はひとつの理由からではなく、しばしばさまざまな理由から行為します。第一の理由が非利己的なものであれば、第二、第三の動機が利己的なものであってもよい（道徳的価値を認める）といった可能性について考えてみてもよいのではないでしょうか。

疑問⑫ 他者を遠ざけることにならないか？

自分で考え、決断するとなると、ときとして世間の常識から乖離した、とんでもない結論を導くことにもなりかねないのではないでしょうか？

カントは、主体的に考え、自分で決断し、それに自らが則ることを求めます。ここには、ある批判がつきまとってきました。それは、たとえ普遍的な視点に立ったとしても、結局は己で考え、決断し、それを行動に移すわけで、そこには他者が介在しておらず、そのため、その実、世間からは受け入れがたい、おかしな結論を導いてしまうことになりかねないのではないか、という批判です。もっとも有名な批判者はユルゲン・ハーバーマスでしょう。彼はカント倫理学に対して、他者が抜け落ちた「モノローグ」（独り語り）であると揶揄するのです。

そのハーバーマスは、すべての人が実際に討議に参加し、すべての人が賛同できるもののみを規範と見なす立場をとりました。[※182] しかし、これが現実的ではないことが即座に看取されるはずです。極端な例を挙げれば、人を殺すことですら、現実には正当防衛や緊急避難などが考えられ、すべての人が人を殺すことを絶対悪と見なすわけではなく、一定数の人が、状況次第では、それを許容するはずです。人殺しという反法則的な行為の典型のような例ですら、それが許容されえないことへの「すべての人の賛同」という条件をクリアできないわけですから、それ以外の些細な行為についてはなおさらです。※183

ここで「すべての人」という要件を緩和させて、「多くの人」としてみましょう。それによって運用面において多少は現実味を帯びることになるでしょうが、しかしながら、自分が倫理的ジレンマに陥るたびに、実際の討議を経て、多くの人の賛同を得るなどという手続きを踏めるはずもなく、依然として適用面での困難は残ることになります。

さらに、運用面どうこう以前に、より根本的な問いとして、「多くの人が賛同した＝道徳的「正解」」と見なしてよいのでしょうか。ここで、読者の方々は、第一部「悩み⑫」において私が触れた、昔は多くの人々が天動説を支持していた歴史を思い出すのではないでしょうか。より倫理に関連しそうな例を挙げると、中世ヨーロッパでは、多くの人が「あいつは魔女だ。殺すべし」と信じて、行動した結果、多くの人が何の罪もなく、殺されたのです。ちなみに、カント自身が魔女について言及している箇所があり、そこでは仮象の話と絡めて、人は自分の予想を超えた出来事があると、愚鈍な者ほど安易に「魔女」というよく分からない概念を持ち出す誘惑に駆られる

※182 Habermas (1991), S. 77.（邦訳）ハーバマス（一九九一年／二〇〇〇年）、一一〇頁以下。
※183 中岡（一九九六年）、二二六頁参照。中岡はハーバーマスの理論が、行為者の置かれた状況を加味できないことによる困難を指摘しています。

であろう、と分析しているのです。[※184]

そうやって仮象であり、（仮象に囚われた）周りに流されないためにも、ひとりひとりが自分で考え、判断することが、やはりどうしても不可欠なのではないでしょうか。

ここで私が強調したいことは、そのことは必ずしも、他者を排除することにはつながらないということです。それどころか、定言命法の性格に鑑みれば、他者の介在が不可欠であることは読み取れるはずなのです。――第一部「悩み⑧」において、共苦感情の陶冶という間接義務の文脈でも触れたことですが、カントは普遍的な視点に立つべきことを説いている以上、他者と関わろうとしない人間による普遍的な視点に立つ試みなど（他者の立場を知ろうとせずに、その立場に立とうとする）矛盾した営みと言えます。普遍的な視点に立つことの重要性を自覚しているのであれば、なおさら他者、それも、より多様な立場の他者と接することが求められるのです。

実際にカント自身が、さまざまな職業であり、年齢でありの人々を毎日自分の家に招いて、意見交換する機会を設けていました。彼が対話の重要性を心底自覚していたこと、そして、彼のなかで理論（言っていること）と実践（生き方）が深く結びついていたことが窺えるエピソードと言えるでしょう。また、その集まりの場では、哲学の話題はご法度だったそうです。そうやってカントは、日々の生活において、多様な立場の人間と、多くのテーマについてやり取りすることで、人間としてのバランス感覚を養っていたのです。

加えて、カントが対話の重要性について説いている文脈として、「理性の公的使用[※185]」を挙げることができます。彼はある組織のなかで不満があれば、自説を公にして、議論を喚起すべきことを説いているのです。組織というものは、さまざまな立場の人が属すると思われがちですが、必ずしもそうとは限りません。むしろ長年、特定の組織に属していることで、考え方や価値観が偏るということが往々にして起こるのです。つまり、そのような狭い世界に身を置く複数の人々の側にはその意識が希薄で、私ひとりの理性判断の方に普遍妥当性があるということは十分ありうることなのです。その疑念があるのであれば、実際に公に判断を委ねるべきなのです。典型的なのは内部告発です。今日ではネットの普及によって、自身の意見を公にすることが容易になってきています。

ちなみに、組織の方向性とそこに属する個人の理性との齟齬が起こりやすい場としてカントは軍隊を挙げています。確かに軍隊組織は、一般社会から隔離される傾向が強く、また、ヒエラルキーがはっきりしており、上官の命令が絶対であり、その判断に口を挟むことは基本的に許されません。どんなにおかしな命令でも従わなければならない組織というのは、かなり危うい存在と言えるでしょう。

また国家体制によっては、同じようなことが、国家と国民の間にも起こりえるのです。独裁国

※184　Vgl. Ak VII 150.
※185　Vgl. ibid. VIII 37ff.

家において、元首ひとりが、とんでもない決断をした場合に、政権内で誰も意見できないということが起こるのです。このことはロシアによるウクライナ侵攻を目の当たりにしている私たちには容易にイメージすることができるでしょう。カントは今現在のロシアの現状を知っているかのような口ぶりで、専制国家においては独裁者は、これまでどおりに優雅な生活を続けることができ、そのためそれがあたかも遊戯であるかのように戦争を簡単にはじめることができてしまうと言うのです。他方で、民主的な国家であれば（カント自身は「共和制」という表現を用いている）[※186]、戦争をはじめるには国民の賛同（民意）が不可欠になるため、そう簡単にはじめることなどできないと言うのです。[※187]

同じような構図は、スケールは小さいものの、私たちの周りでも、例えば、会社など（大学でも）の身近な組織でも起こりえます。地位が上であったり、年長だったりすると、言っていることや、やっていることがおかしくても、周りは言いたいことを言えずに、黙ってしまうのです。第一部「悩み①」において「自己中タイプ」の多くは、自分が嫌われていることに無自覚であることについて触れました。誰もはっきりと言いたいことを言わない（言えない）ものだから、本人は嫌われていることに気がつかないのです（「気づこうとしない」も含む）。周りからすれば迷惑な話ですが、なにより、それによって一番損をしている（嫌われ、自分の評価を下げる）のは、周りとコミュニケーションをとろうとしない当人なのです。

私には「自己中タイプ」の人ほど、つまり、嫌われている人ほど、周りの意見を聞かない、勝手に決めてしまう傾向があると思っています。結局、面倒だとか、受け入れられない可能性が高いことが内心自覚できているといった利己的な理由がそうさせているのでしょう。私自身も人と揉めたことがありますが、思い返してみると、コミュニケーション不足にその原因があったことが少なくありません。今では反面教師として、くどいくらいに意思疎通を図るようにしています。対話の重要性については、私はカントから多くを学んだと思っています。

疑問⑬ 弱さと不純とは？

カントは弱さや不純といった悪性について述べていると聞いたのですが、それはいかなる意味で悪なのでしょうか？

第二部で扱った問題（疑問）の多くは、道徳的悪を巡る問題と言うことができます。「思考可能

※186 カントによれば国家形式は、専制政体的であるか、貴族政体的であるか、民主政体的であるかであり、最後の形が「もっとも合理的」(vgl. ibid. VI 339) と言われるのです。

※187 Vgl. ibid. VIII 351.

性の基準」が倫理基準たりえないことや、特定の職業を忌むべきものとする姿勢が、カントの思想と相容れないことについて述べてきましたが、結局それらがカントの説く道徳的悪の姿と結びつかないためという言い方もできます。

そのことを受けて、ここで改めて道徳的悪の姿について考えてみたいと思います。第一部「悩み⑤」において、カントにとっての道徳的悪の姿を描き出しました。そこで強調したことは、利己性そのものが道徳的悪なのではなく、それが道徳法則に反したものであり、かつ、その違反が意志にもとづいた自覚的なものである点です。同じことを別様に言えば、道徳法則に反していなかったり、自覚的でなければ、道徳的悪にはならないということなのです。

ところが、カントのテキストのうちには、これらの要件を満たしていない行為を道徳的悪と見なしているかのようにも見える箇所が存在するのです。それは、カントが「悪への性癖」というものについて語っている箇所です。[※188]

カントは、この「悪への性癖」について、以下の三つからなると言います。①人間本性の弱さ、②人間の心情の不純、③人間の心情の悪性の三つになります。

まずは最初の「人間本性の弱さ」について取り上げます。これは以下の一文のうちに端的に表されています。

═ これはつまり、私はよいもの（法則）を私の選択意志の格率のうちに採用はするが、しか ═

し、この客観的に理念において（措定において）他にまさるもののない動機である善も、格率が遵守されねばならない場合には、主観的に（仮定において）一層弱い（傾向性と比べて）動機であるという嘆きである。※189

見てのとおり、「法則を格率のうちに採用する」と言われているので、行為自体は道徳法則に合致しているのです。しかしながら、行為者は自らの弱さのために、動機が利己的となってしまっているのです。

これは「悪への性癖」のひとつであることを考えると、道徳法則に合致している行為が、弱さを理由に、道徳的悪と見なされているように映ります（ただ実際には、カントはこれを「道徳的悪」であるとは表現していません）。

しかし、もし仮に道徳法則に合致した行為も道徳的悪である可能性を認めるとなると、これまでの本書における道徳的悪の定義に合致しないことになります。これは道徳的悪の領域が極端に広がることであり、そして承服しがたい帰結が導かれることにつながるのです。

例えば、利己的な都合でボランティアをする行為は、道徳的悪であることになってしまいます。

※188　Vgl. ibid. 29ff.
※189　Ibid. 29.

というか、道徳法則に合致した行為のほとんどが利己性を理由に、道徳的悪であることになってしまうのではないでしょうか。

他方で、道徳性が問われる状況でなければ、そこでなされた行為は道徳的善にも悪にもならないわけです。「悪への性癖」のどの段階に絡めても、つまり、先に引用した「人間本性の弱さ」にしても、このあとで紹介する「人間の心情の不純」や「人間の心情の悪性」にしても、同じです。道徳性が問われる状況であり、かつ、行為者が道徳法則の内容を自覚していることが前提になっているのです。そのため、そうではない状況は「悪への性癖」は無関係であることになります。畢竟、道徳性の問われない状況下でなされた行為、例えば、時間があるときに、自分の家でゴロゴロしながらテレビを観ることは、道徳的善でも悪でもないのです。

ここに受け入れがたい事態が広がっていることがお分かりいただけたでしょうか。――同じ利己的な行為であるにもかかわらず、ボランティアが道徳的悪であり、家でゴロゴロしながらテレビを観ることは道徳的非難に当たらないことになるのです。つまり、前者よりも後者の方がマシということです。だったら、避けられる限り、道徳的な事柄に関心など持たないほうがよいのではないでしょうか。ボランティアなどしない方がよいのではないでしょうか。それで道徳的悪を避けられることになるのですから。

第二の「悪への性癖」についても同じ問題を指摘することができます。それは「人間の心情の不純」と呼ばれ、以下のように説明されています(図9参照)。

図9 道徳法則に合致している行為を利己性を理由に
道徳的悪と見なすことの問題点

Ⓐ 道徳法則に合致することをしている

人気取りのため
（利己的な都合で）に
ボランティア

倫理性が問われる状況下での
利己的行為
↓
道徳的悪

Ⓑ そもそも道徳的なことに関心がない

テレビを見たい
（利己的な都合で）
テレビを見る

倫理性が問われない状況下での
利己的行為
↓
道徳的無記
（善でも悪でもない）

↓

両者の動機の質は同じ（利己的）なのに、道徳法則を自覚した上で、ボランティアに励むAが道徳的悪であり、そもそも道徳的な事柄に関心がなく他者のために何もしないBは道徳的悪にはあたらない

➡Aよりも Bの方がマシ

➡だったらはじめから道徳的な事柄に関心など寄せない、道徳法則に合致したことなどしようとしない方がよいのでは？

➡**不合理**

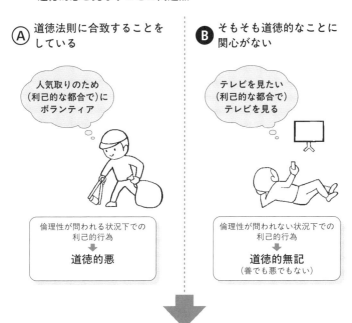

法則のみを十分な動機として自らのうちに採用したのではなく、多くは（おそらくいつも）選択意志を規定して義務の要求するところに向かわせるために、この動機の他になお別の動機を必要とする。[※190]

この場合も、行為者は道徳法則に適う行為をしているのです。しかし動機が純粋に善意志からではなく、そこに利己性が紛れ込んでいるのです。動機が不純であるため、「人間の心情の不純」と言われるのです。例えば、純粋な善意志からだけではなく、そこに利己性も含めて人助けやボランティアをするような場合です。もしこれが道徳的悪であるとすると、これは「人間本性の弱さ」と同じ困難を抱えることになります（ただし実際のところ、「人間の心情の不純」についても、カント自身はこれが「道徳的悪」であるとは表現していません）。

問題の所在を概観したところで、根本的な部分について考え直してみたいと思います。「悪への性癖」で言われる「性癖」とはそもそも何なのでしょうか。――それは辞書的な定義としては、「性質のかたより」「くせ」のことです。[※191] つまり、「悪への性癖」というのは、どこかに向かう性質を持つ偏りがあり、クセがあるということなのです。では、どこに向かうのでしょうか。

ここで、カント自身の「性癖」の定義を見てみると、それは「主体がある享楽を経験した場合に、その享楽への傾向性を生み出す[※192]」ものとされています。「生み出す」という側面から、それは「素因」[※193]または「源泉」[※194]などとも表現されています。これは、カント自身が「享楽を経験した場合」と断っているように、あくまできっかけがあって、はじめて発動する類の傾向性なのです。

カント自身が性癖の実例として挙げている例をここにも紹介すると、酔いを生じさせる性癖を持っている者がいるとします。その者は、酔いに向かう偏りやクセを持っていると言えます。それにしても、一度も酒を飲んだことがなければ、それは決して発動しないのです。その者は、生まれてはじめて酒を口にすることで、これまた生まれてはじめて酔いに対する傾向性を持つことになるのです。[※195]その傾向性が道徳的悪につながることはあるでしょう。しかし、決して傾向性自体や、その素因や源泉である「悪への性癖」自体がそれに当たるわけではないのです。

「悪への性癖」というのは、人間が生まれながらに有するものであるために、その意味では避けることができません。しかし、それが発動するのを避けることであれば可能と言えます。一生のうちにお酒を一滴も飲まないというのはあまり現実的ではないので、タバコにしましょう。自ら

※190 Ibid. 30.
※191 『広辞苑』(二〇〇五年)、「性癖」の項。今日では「性」という漢字に引きずられてセクシャルな意味で「性的な好み」の意味で使用されることがありますが、厳密にはそれは誤用になります。
※192 Ak VI 28 (Anm.).
※193 Ibid.
※194 Ibid. 32.
※195 Ibid. 28 (Anm.).

がニコチン中毒を生じさせるものに対する性癖を有しているであろうことを見越して、タバコを避けることで、その傾向性を抱えることを端から回避することができるのです[※196]。

話題を道徳法則に合致している行為も道徳的悪であることがありうる可能性を認めてしまうことによる困難の話に戻すと、行為が道徳法則に合致している以上、利己性に発していることを理由に、道徳的悪と見なされるようなことはありません。例えば、人からよく見られたいという思いを生じさせるものに対する性癖を持っている者が、実際に人と接することでその傾向性を持つようになり、それを利己的な動機を交えてボランティアという形で体現した場合、そこには確かに「悪への性癖」が関与しているわけですが、しかし、それは道徳的悪であるわけではないのです。

非常に重要な点なので、はっきりさせておくと、道徳法則に合致した行為自体には、確かに道徳的価値はありません。では、そこに何らの価値もないかというと、決してそんなことはなく、カント自身が紛れもなく「良いもの」(das Gute)[※197]としているのです。これは、偽善と勘繰られることに対する不満の声に答えた、第一部「悩み④」の最後にも言及したことですが、道徳法則に合致した行為は、しないよりもした方がよいに決まっているのです。「道徳的悪になることを恐れて、ボランティアはやめておく」「そもそも道徳的な事柄について考えること自体を避けるようにしている」などという言い訳は成り立たないのです。

関連することとして、カントは以下のような言葉を残しています。

道徳法則の不履行が咎となることはなく、他方でその遵守は常に功績となりうるのみである。[※198]

「功績」ということは、つまり、プラス評価になることはあるものの、それがマイナス評価になることはないということです。そのため、躊躇することなく、積極的に倫理について考え、そして、道徳法則に合致する行為をなすべきなのです。倫理に関心を払わず、誰の役にも立たない、そもそもその気すらない生活をしている方が、倫理に関心を払って、道徳法則に則って人のために振舞うよりも、道徳的にマシであるなどという結論にはどうやってもならないのです。

ところで、第二部「疑問①」において、道徳的に善でも悪でもない行為として、倫理性が問われない状況においてなされた行為と、理性が介在していない行為の二つが挙げられることについて触れました。ここで、そこにもうひとつ加えることができます。すなわち、それは道徳法則に

※196　似たような構造で私自身の経験として、大学時代に、周りには麻雀をやっている連中がいました。しかし、私はあえてやり方を学ぼうとはしませんでした。ルールを覚えることで「悪への性癖」が発動し、それが傾向性を生み出す事態、やりたい気持ちを押さえられなくなるような事態を危惧する思いがあったからです。
※197　Ibid. 29.
※198　Ibid. XXVII 290.

合致するものの、義務から（のみ）ではない行為です。[※199]

疑問⑭ 根本悪とは？ 人間は生来悪とは？

カントは根本悪というものを認め、その上で人間は生来悪であることを説いているということですが、それはいかなる意味なのでしょうか？

第一と第二に続いて、第三の「悪への性癖」について紹介したいと思います。それは「人間の心情の悪性」と言われ、以下のように説明されています。

人間の心情の悪性（邪性、歪み）、あるいは、そう言いたければ、人間の心情の腐敗（堕落）は、道徳法則から発する動機を他の（道徳的ではない）動機よりも軽視するという格率に向かう選択意志の性癖である。これはまた、人間の心情の倒錯（性曲がり）と呼ぶこともできる。というのも、このものは自由な選択意志の動機に関して、その道徳的秩序を転倒するからである。もっともそれにしてもなお依然として法則的によい（適法な）行為は存

立しうるが、それにしても転倒によって思考法は、その根（道徳的心術に関わるところのもの）を腐損し、それゆえに人間は悪と銘打たれる。[※200]

まずは、最初の二つの「悪への性癖」と一致する点を挙げると、ここでの行為も道徳法則には合致しうるのです（ただし、しない場合もある）。[※201] 他方で、決定的に異なる点は、選択意志の性癖と言われていることです。つまり、これは自らの自由な選択意志によって採用された性癖なのです。では、「自らの自由な選択意志によって採用された」というのは、いかなることなのでしょうか。引用文では、「人間の心情の倒錯」や「道徳的秩序の転倒」とも表現されています。「倒錯」にしても、「転倒」にしても、何かが逆になるということです。何が逆になるかというと、本来は道徳法則が優先されるべきところが、自愛の方が優先されるということです。そして、繰り返しになりますが、決定的な点は、それが理性によって自覚的になされているということです。

カントは、この「人間の心情の悪性」について、「自分自身を煙に巻く不誠実[※202]」とも表現してい

※199 Vgl. Klemme (1999), S. 11. クレンメは、カントは少なくとも一七八五年までは、行為が義務に適っている以上は、その行為は道徳的悪にならないと考えていたはずであるとしています。このような書き方から窺えると思いますが、その後のテキストにはその道から踏み外しているように見える箇所が存在するのです。しかし、クレンメも指摘しているように、私もここにカントの落ち度（少なくとも彼の書き方に対して、さらに悪い場合、彼の思想の中身に対して）を認めざるをえません。

※200 Ak VI 30.

※201 Vgl. ibid. 36.

ます。つまり行為者は、内心では道徳法則を優先すべきことを分かっているのです。ところが、自分自身を煙に巻き、分からないフリをし、自愛を優先させてしまうのです。カントはここに、自己欺瞞を見るのです。

この自己欺瞞に関連することとして、カントは以下のようなことも述べています。

最初の二段階（弱さと不純）では故意でない罪責（過失）と判定されるが、しかし、第三の段階では故意の罪責（欺瞞）と判定されることができる。[※203]

最初の二つの性癖に関しては、生まれ持った弱さや不純における偏りやクセのことを言っているのですから、故意でないことは明らかです。他方で、第三の性癖である「人間の心情の悪性」に至っては、心情、つまり、心の持ちようのうちに悪性が存するのです。――内心では自分が道徳法則から行為していないのを自覚しているのに、それを正当化しようとする態度であり、それは必ず故意なのです。カント自身の表現としては、「自らの心術〔＝格率〕に関して不安を抱かず、むしろ道徳法則の前で自らが正しいと居直る[※204]」態度なのです。自分でも知らない間に「居直る（居直っていた）」などという表現は不自然です。それは必ず自覚的なものなのです。本来「悪への性癖」自体は道徳的悪と同じではないのですが、この第三段階に至っては、不可避的に道徳的悪と結びつくことになるのです。

前節の最後に、行為が道徳法則に合致している限り、その行為は道徳的悪には分類できないという話をしました。その帰結は変わりません。「悪への性癖」の第三段階に関しても、道徳法則に合致した行為のうちに道徳的悪が見出されるのではありません。そうではなく、開き直って自分自身を正当化しようとする姿勢であり、その内面のうちに道徳的悪は存するのです。

そのようにして自己欺瞞を犯す者は、自分の悪性を自覚しようとしないため、繰り返すことになります。しかも、おそらくそれはエスカレートしていくことでしょう。カントはこのことについて、悪性がその人のうちに根（Wurzel）を張り、そして、それは外に広がっていくことになると言うのです。※205 こうなってしまうと、その悪性は格率を腐敗させ、もやは人間の力では根絶できなくなってしまうのです。※206 この根深い、やっかいな悪性は、「根本悪」と呼ばれるのです。

これがカントの有名なテーゼ、「人間は生来悪である」※207 につながっていくことになります。「悪への性癖」が、特定の行為の道徳的悪を指しているのではないのと同様に、ここで言われる「悪」も別様です。そのことは文脈からも明らかでしょう。

※202 Ibid. 38.
※203 Ibid. 30.
※204 Ibid. 38.
※205 Vgl. ibid.
※206 Vgl. ibid.
※207 Ibid. 32.

人間が悪であるという命題は、上述によると、人間が道徳法則を自ら意識しながらも、なお道徳法則から、その時々の違反を自らの格率のうちに採用している、ということを言おうとしているに過ぎない。※208

特段難しいことはないと思います。ここで言われていることは、私たちはどんなすばらしい人間であろうとも、必ず道徳的悪を犯してしまうということです。それ以上でもそれ以下でもありません。つまり、「根本悪」というのは、人間が産まれること自体や、人間存在自体が道徳的悪であるとかいった話ではないのです。

「悪」にまつわる、ここまでの話をまとめると、カントは、ひとつのテキストの、しかもまとまった箇所において、道徳的悪（利己的な理由から自覚的に反法則的に振舞う）、「悪への性癖」（傾向性を生み出す素因や源泉）、「根本悪」（「人間の心情の悪性」は根を張って、広がっていく）、「人間は生来悪」（人間というのは誰もが必ず道徳的悪を犯す存在である）、さらに言えば、ここでは論じなかった「性格的悪」などといったさまざまな悪について、いかなる意味での悪なのかについてほとんど断ることなく説明を進めていくために、非常に論旨が取りにくくなってしまっているのです。カントという人は本当に悪しき書き手なのです。

疑問⑮ 意志はあるもののできないこともあるのでは？

カントは、すべきことは必ずできることを説く論者であると聞きました。しかし実際には、すべきことだと分かっていながらもできないこともあるのではないでしょうか？

本書において、すでに何度も（第一部「悩み⑨」、第二部「疑問⑥」や「疑問⑪」）触れてきました。カントは、すべき（当為）ことは必ずなせる（可能）ことを説く論者でした。ここに改めて、カント自身の言い分を確認しておきましょう。

> 道徳は、無条件的で命令する諸法則の総体であり、我々はその諸法則に従って行為するべきなのであるから、道徳はすでにそれ自体として、客観的な意味における実践である。従って、この義務概念に権威を認めた上で、それをなすことができないとなお言おうとするのは、明らかに不合理である。※209

※208 Ibid.

ここでは、「道徳法則を自覚していたけれど、できませんでした。でも私の責任ではありません」という主張は成り立たないことが説かれています。同様の文面は、カントのテキストのうちに複数散見されるため、決して一時的な思いつきなどではなく、彼が一貫して保持していた考え方なのです。[※210]

しかしながら、この点については、後にヘーゲル[※211]やショーペンハウアー[※212]など、多くの論者によって批判されてきました。読者のなかにも、「すべきことは分かっていても、できないこともあるのでは？」と思った人がいるのではないでしょうか。

前々節と前節において「悪への性癖」について考察を加えました。性癖とは、傾向性を生み出す素因や源泉のことでした。それがお酒に対する傾向性に結びつくのです。この欲求の強さは人によりけりです。お酒などまったく飲みたいと思わない人もいれば、大好きな人もいるわけです。後者にとっては、お酒をやめることは至難の業となります。――お酒を飲むべきでないことを頭では分っているのに、なかなかやめられない人を前に、「自身の責任」のたった一言で片付けてしまうのは、あまりにも身も蓋もないでしょう。そんなことを、まったく飲めない人に言われた日には、「どうせ飲めないお前には俺のことなど分からんだろ！」「こっちはがんばってやめようとしているんだ！」と言いたくなる気持ちは十分に理解できます。

これも（第一部「悩み②」「悩み⑧」「悩み⑨」において）何度も触れたことですが、道徳法則というのは、何かをしようと努力することを求めるのであって、何かの達成を明記するようなものではありません。だから、そもそも格率を、例えば、「お酒をやめる」というような形で設けるべきではないのです。つまり、このような形の時点で、カントの想定する「道徳法則」の定義にそもそも合致しないのです。もし、それに合致する形にするのであれば、最上位（もしくは単に「上位」）の格率として「極力お酒を飲まないようにする」などとし、自分の置かれた具体的状況下において、具体的な分量や、ある時点で飲まないことを定めた格率を立てるようにすべきなのです。

倫理的な義務というものは、人間の能力を超えたものを要求するものであってはならないという言い方もできます。まさにカントが先の引用文の直後に以下のように述べているとおりです。

誰もその能力以上に義務を負わされることはできない。※213

ただ、関連することで一点どうしても指摘しておきたいことがあります。それは、履行が困難

※209 Ibid. VIII 370.
※210 Vgl. ibid. VI 50; vgl. ibid. VIII 285.
※211 Vgl. Hegel (1969), S. 144f.（邦訳）ヘーゲル（二〇二〇年）、一二一頁参照。
※212 Schopenhauer (1968), S. 533f.（邦訳）ショーペンハウアー（一九七三年）、七〇頁以下参照。
※213 Ak VIII 370.

なことは無数にあるだろうということあり、たとえ困難であっても、それをしようとしなかった場合には、倫理的責任が生じるということです。――というのも、困難であるのと、不可能であることの間には、とてつもない溝があるためです。カントに照らし合わせて言うと、自分のすべきことを自覚しているのに、自分可愛さから、それに反して行為したのであれば、それは紛れもなく道徳的悪なのです。それがいかに困難な状況であろうと、当為を誤魔化してよい理由にはならないのです。「自分は悪くない」「仕方なかったのだ」と開き直って、自己弁護しようとするようなことは、許されないのです。「悪への性癖」の第三段階であり、自分自身を煙に巻く不誠実というのは、そういう開き直った態度のことを言っているのです。

疑問⑯ 悪への自由とは?

カントは、自由を道徳的善を可能にするものとして、かなり狭い意味で捉えていることは分かりました。他方で、悪への自由というものも想定しているということを聞きました。ここに整合性はあるのでしょうか？

前節において、自分の能力を超えた要求を課された場合には、その人には倫理的責任は及ばないという話をしました。この責任の問題は、自由の問題と深く関わってきます。

自由については、すでに第一部の「悩み⑧」において集中的に論じました。そこで明らかにしたことは、カントにおける自由というのは、本来的には非常に狭いものであり、それは自らの利己的な感情を超克できたときにのみ、つまり、道徳的善をなしえたときにのみ、認められるものなのです。同じことを別方向から言えば、本能や衝動や感情、無意識や習慣的行為はもちろんのこと、理性が働いていても、利己的な感情に流されている以上は、厳密には自由ではないのです。

ただ、説明がここで終わってしまうと、行為の責任という側面から考えると疑問符がつくかと思います。というのも、もしそこに自由がなかったとしたら、もしくは、控えめに言って、自由が制限されていたとしたら、そこに道徳的責任※214がまったく生じないか、生じるとしても限定的なものになるはずだからです。

カントが、このような困難が生じることを自覚していなかったはずがありません。この困難を回避する鍵は、自由を二つのレベルに分けて理解する、具体的には「消極的自由」と「積極的自由」に分ける点にあります。カントは、前者について以下のように説明しています。

理性を持たないすべての存在者に備わる原因性の特性は自然の必然性であり、こうした存在の原因性は、外部からの諸条件の影響のもとで働くように規定されている。自由の上記の説明は消極的なものであり、それゆえ、その本質を理解するには効果がない。※215

ここでカントが「理性を持たぬ存在者」と言っているのは、人間以外の動物を指しています。※216 彼らだって、例えば、「寝るか?」「遊ぶか?」といったことは自分で選べるわけです。これは第一部「悩み⑥」においても触れた、行為選択の自由と表現することができます。これは、自分の利己的な感情に縛られている以上、消極的なものと見なされるのです。

人間と人間以外の動物の間には決定的な違いがあります。それは、前者には道徳的責任が生じ、後者には生じえない点です。たとえ犬が主人の命令を聞かなくとも、たとえどんなひどいことをしようとも（例えば、飼い主に噛みつこうとも）、「あの犬は道徳的悪を犯した」などと言う人はいないはずです。結局その理由は、人間以外の動物には十分な理性と自由が認められない点に帰するのです。そのためカントは、いくら人間以外の動物が有している「消極的自由」を分析したところで、人間が有する自由の本質、つまり、「積極的自由」を理解することはできないと言うのです。カントの理屈では、感情は感じることはできても、判断を下すことはできません。善悪に関しても同様です。つまり、十分な理性が備わっていない存在にはそもそも道徳的善悪の判断を下すことができないのです。カントが以下のように述べるとおりです。

善と悪は常に理性によって、従って、一般に伝達される概念によって判定されるものであって、個々の主観やその感じ方によって、あれこれと変わる、感覚によって判定されるものではない。[※217]

※214 責任にも、道徳的責任以外にも、結果責任や、法的責任などさまざまな意味合いがありますが、ここでは道徳的責任に話を絞ります。

※215 Ak IV 446.

※216 今日では動物に対する研究が進み、かつて私たちが考えていたよりも、彼らがはるかに賢い存在であることが分かってきています。サルは文化を継承することができます。イルカは会話をすることができます。ボノボは道具を使って人間と意思疎通を図ることができ、嘘をつくこともできるのです。高度な知能を持つ一部の哺乳類や霊長類に（一般的な意味でも、カント的な意味でも）一切理性がないと主張するのは難しくなっています。それでも、理性の程度において、人間と動物との間には決定的な差があることは認めざるをえないでしょう。

十分な理性がある存在のみが（道徳）判断を下すことができ、道徳的善悪をなすことができるのです。そして、そこに道徳的責任が生じるのです。翻って、十分な理性が備わっていない存在、例えば、人間以外の動物であり、人間であっても赤ん坊や幼児、人間の大人であっても障害や精神疾患を抱える者などは、やはり同じ理屈で道徳的責任は問えないのです（ちなみに同じ理由で、法的な責任も阻却されることになります）。

「消極的自由」の対概念である「積極的自由」について、カントは以下のように説明しています。

さて自然必然性とは作用原因の他律であった。あらゆる作用はただ他のあるものがその作用原因を規定して原因性を成り立たせるという法則に従ってのみ可能であったからである。だとすると、意志の自由とは自律、すなわち、自らに法則を与えるという意志の持つ固有性以外の何であると言うのだろうか。※218

人間以外の動物は十分な理性を備えていないために、他律的にしか動けません。他方で、人間は、十分な理性を備えているために、利己的な感情とは無関係に当為を導き、それを履行することができるのです。つまり、自律が可能なのです。そこには、単に行為選択の自由という「消極的自由」のみならず、傾向性からも自由という意味で、「積極的自由」を見出すことができるのです。

カントはまた、「消極的自由」や「積極的自由」と同じ意味で、「動物的な選択意志」と「自由な選択意志」という用語を用いて、以下のように説明するのです。

感受的に規定される選択意志は、たんに動物的な選択意志（arbitrium brutum）に過ぎない。しかし、感性的な衝動に依存せずに規定されるようなもの、従って、理性によってのみ表象される動因によって規定されうるようなものは、自由な選択意志（arbitrium liberum）と呼ばれる。※219

ここまでの話をまとめると、人間以外の動物も行為選択の自由を有しています。彼らが行使できるのは「動物的選択意志」（arbitrium brutum）であり、それは「消極的自由」なのです。他方で人間は、理性的存在者として、十分な理性を備えています。それによって、善悪の判断がつくのであり、それをなしたり、なさなかったりすることができるのです。ただ、道徳法則に適った行為をなしたとしても、それが利己的な都合によってなされたのであれば、そこに道徳的価

※217 Ibid. V 58.
※218 Ibid. IV 446f.
※219 A 802 / B 830.

値を見出すことはできません。己の利己的な感情に縛られている以上、完全に自由な状態であったとは言い難いのです。ただそのことは、その者が自由を行使する権能を欠いていたことや、責任が減少するということを意味するのではなりません。傾向性に囚われていたという点で不自由であったものの、その者は別様に振舞ったり、別の動機から行為することはできたはずなのです。そのため、その責任は十全的に行為者に帰せられるのです。[※220]

翻って、道徳法則（義務）に合致する行為をそれが道徳法則（義務）であるためになしたときに、そこに道徳的善性が認められるのです。このときに人は、感性的な欲求から完全に自由であったのであり、そこに「自由な選択意志」（arbitrium liberum）であり、「積極的自由」を見出すことができるのです。

自由概念をこのように理解することで、真の（自らの利己性に囚われているという）意味で自由ではないものの、（自らが選択した結果であるため）責任が生じる主体というものを想定することができるのです。

第二部のまとめ　これはカント倫理学なのか？

私は第二部において、他の研究者のカント解釈やカント自身を批判的に検討することで、あるべきカント倫理学の姿を描き出すことに努めました。
ただ、読者のなかには（カントに造詣のある者ほど）、私が描き出した理論について、「カントから逸脱しているのではないか？」「もはやカント倫理学とは言い難いのではないか？」と感じた人がいるかもしれません。槍玉に上がりそうな箇所は、「思考可能性の基準」を倫理基準と見なさない点や、性産業や常備軍に対する姿勢などです。また、それらに関連して、私の道徳的悪の捉え方などです。

これらの箇所については、私の書きぶりからも、カント自身が考えていたことから逸脱している可能性があることを私自身が自覚していることは十分窺えたはずです。まさにそこに、本書の「はじめに」において触れた、「名声の先入観」に囚われない私の姿勢が現れているのです。

なので、前述のような「カントから逸脱しているのでは？」「もはやカント倫理学とは言えないのではないか？」といった質問がなされれば、私は「はい、そうかもしれません」と答えます。

先のような問いを発した人は、ここでさらに「では、どこまでがカントの真意を正確に描き出そうとした箇所であり、どこからがカントから逸脱した箇所なのかについて、もっとはっきりさ

※220 Bröser (2014), S. 48. クラウディア・ブローザーは行為者の自由が確保されていることがその人に責任を問えることの条件と考えています。そのことは、例えば以下の文面にはっきりと表れています。「意志の一般的性質としての自由は行為の帰責にとって確かに不可欠の条件である」。

せてほしい！」と言ってくるかもしれません。そういった人は、以下の私の文章を読んでも同じことが言えるでしょうか。

カント自身が考えたことと、私が本書で描き出した理論の明確な線引きをするとなると、まずカントが語った言葉一切の裏にある彼の真意を明らかにしなければなりません（カントの真意を確定できなければ、何がその外側にあたるのかということも確定できないためです）。もし、これまでにそれに成功した人がひとりでもいたのであれば、その成果を踏まえて、私の理論との差異の有無を明らかにすることができますが、実際にはそんな前例はないのです。そして、今後も誰もなしえないでしょう。なぜなら、他者（カント）が語ったことすべてにおける彼の真意を解明するなどという課題は、明らかに我々の有限な理性能力を超えた要求であるためです。

だから、ある特定の箇所について、カントから逸脱している可能性が高いとか、低いとか、その程度のことであれば言えますが、それ以上のことは理性の越権的使用に当たり、禁欲的であるべきなのです（そのため私は、少しでも解釈上、異論の余地のありそうな箇所については断定するような言い方はしません。本書に限らず、私は決して「カントの真意は……」とか「カントがここで言いたいことは……」といった、本来知りえないことを知っているかのような態度はとりません）。

倫理学（者）本来の使命とは何なのでしょうか。昔の人（カント）が考えたことを明らかにすることなのでしょうか。いや、そうではないはずです。私は、カントが本当に考えていたことだの、真意だのといった、多くの研究者が拘泥している神学論争には関心がないのです。そのため、関わりたくもないのです。

倫理学（者）の使命とは、自分自身がよく生きること、世の中をよくすることに資するような理論を提示することであるはずです。私は自らの限りある能力であり、時間であり、労力でありを、本来の使命のために使いたいのです。

第一部「悩み⑬」において、カントが私たちに「哲学を学ぶ」レベルに留まるのではなく、「哲学すること」を学ぶ」レベルまで達するべきことを説いていることについて触れました。この「哲学」の部分を「倫理」に置き換えても、そのまま意味が通じます。私たちは、カントの言葉を理解するだけの「倫理を学ぶ」段階に留まるのではなく、自分で主体的に考え、理論を導く「倫理することを学ぶ」営みに努めるべきなのです。

関連してカントは、倫理学についての知識だけは豊富で、しかしながら、行動が伴っていない「実践哲学に精通している人」※221（ein der praktischen Philosophie Kundiger）と、自身が研究する倫理学説が自らの生き方に結びついている「実践哲学者」※222（ein praktischer Philosoph）を明確に区別しました。私は後者でありたい。

※221　Vgl. Ak VI 375.
※222　Ibid.

あとがきと、最後に伝えたいこと

第一部において、人々が抱える悩みに答えるべく、また、第二部において、その理論的裏付けを提示すべく、ここまで論を進めてきました。人の悩みに関連して、現代人に欠けていると私が思いながらも、ここまで本書において一切触れてこなかった点に、最後にスポットライトを当てたいと思います。

それは、体を動かすということです。

「え？　何だ急に！」と思われたかもしれません。人によっては、体を動かすことと、本書でここまでに口酸っぱく繰り返してきた、自らの頭で考えることとは、何の関係もないことのように思えるかもしれません。

しかし近年になって、体を鍛えることが、脳の働きを活発にすることにつながることが、科学的に実証されてきています。[※223] それは私も経験的に実感していることで、人間というのは、じっと

※223　「スポーツ医学者、森谷敏夫だけど「筋肉について」質問ある？｜Tech Support｜WIRED Japan」「WIRED.jp」二〇二三年六月二一日アップロード、六分一八秒以下、https://www.youtube.com/watch?v=78zsG0osSy8&t=639s。（最終閲覧二〇二四年一二月一八日）

していると、身体は硬直していき、すると思考も同様に柔軟性を失っていくのです。[※224]

加えて、運動は鬱予防にも効果があることが近年報告されています。[※225]自らの生き方に行き詰ったり、悩みを抱えたりしている状態にあるのであれば、なおさら外に出て、体を動かすべきなのです。

別に激しい運動をする必要はありません。ジョギングで十分です。それだけでも、頭はリフレッシュして、クリアになります。私自身、毎日ジョギングをしているのですが、実際ジョギング中や、帰ってきた直後に、しばしば良いアイデアが浮かんでくるのです。

運動がどうしても苦手だし、苦痛という人は、家の周りを歩くだけでも良いと思います。カントが毎日、決まった時間に散歩していたことは有名なエピソードです。また、本書に何度も登場し、カントとの類似性を指摘したエピクテトスもまた、自己の鍛錬のために自らに散歩を課していました。[※226]それなりの仕事をするためには、それなりの体力が必要であり、また、それなりの体力をつけるためには、ある程度の運動は必要と考えるべきでしょう（哲学や倫理学をしている人たちは頭でっかちで体を動かすことを避ける傾向にあることは非常に問題だと私は思っています）。

本書をここまで読んでくださったみなさん、私に騙されたと思って、この本を閉じた後で体を動かしてください。下手したら、本書の中身よりも、運動が何よりも効果的であったなんてことになるかもしれません。それはそれで、運動の効用について語った甲斐があったというものです。どのような形であろうと構いません。この本が世に出ることで、少しでも気が楽になる、救われる人がいることを私は願っています。

最後に読者のみなさんに伝えたいことを（第一部の主な読者対象である）一般の読者向けと、（第二部で私が念頭に置いた）倫理学研究者向けに分けて記しておこうと思います。

一般の読者に向けて

第一部冒頭において述べたことと重なりますが、私は世の中において人間が行う行動の多くは、カント倫理学によって、おおむね説明できると思っています。それはつまり、原因がどこにあり、どのようなメカニズムがあり、どう対処すればよいかといったことについて、ある程度答えられるということです。

ただ、口ではそう言っておきながら、他方で、現実において、世間一般の人々、とりわけ、悩みを抱えている人たちと積極的に関わろうとしない、つまり、行動が伴っていないのでは、筋が

※224 この点において、（私が修士課程まで過ごした）日本の大学教員と、（博士課程以降過ごしている）ドイツの大学教員の間には差があるように思うのです。日本の大学教員が教員同士や学生と一緒にスポーツをやるなどというのは本当に稀有なことだと思います。しかし、ドイツでは決して珍しいことではないのです。後者の方が人間のあり方として健全だと私は思うのです。

※225 東洋経済ONLINE「うつになりやすい人の意外に典型的なパターン　なぜ重症患者ほど「平気そう」な顔をするのか」二〇一九年一二月一〇日配信 https://toyokeizai.net/articles/-/315497?page=3(最終閲覧二〇二四年一二月一八日)

※226 中山（二〇〇六）、一九六頁参照。

通らないでしょう（カントの言う間接義務に背を向けることになります）。そのような考えのもと、私はこれまで、悩みを抱える人たちに向けて、どんな困難を抱えているのか聞かせてほしいと発言してきました。

実際にこれまでに多くの人が私を頼ってきてくれました。そして、それに対して、私なりに一生懸命対応してきたつもりです。そんななか、最近気になっていたのは、似たような悩み、関連する悩みが、実に多いということです。

そこで私は、思ったのです。——私が頻繁に答える内容を一度本の形にまとめておけば、私に直接尋ねるまでもなく、本を読むことで済む人たちが出てくるかもしれないということです。本書の内容を知らずに私を頼ってきたような人には本書の参照を勧めることもできます。関連して、本の形で、ある程度順序立てて、体系的に説明されていた方が、受け手は理解しやすいはずです。

私は今後も同じスタンスを貫き、みなさんからの悩みを受け付けます。私のブログやXのDMに、遠慮なく書き込んでください。よほどおかしな内容のものでなければ、私は必ず返信します。それによって、悩みを抱えている人が何らかの指針が得られれば御の字ですが、そうでなくとも、抱えていた悩みを吐き出すことで、多少でも気持ちが楽になるとすれば、何もしなかったよりはマシと言えるでしょう。

私の側も、私とは異なる人生を歩んできた人たちの経験談であり、それにもとづいた考え方でありに触れることで、多くのことを学んできました。今後もやり取りを続けることで、私の経験値が上がっていき、それによって私を頼ってきてくれた人に対して、より的確に対応することができるようになるはずです。つまり、ここに好循環を認めることができるわけです。

私はこの歩みを止めるつもりはありません。

倫理学研究者に向けて

私は本書において（も）オーソドックスなカント倫理学解釈とは異なるカント像を提示しました。多くのカント研究者が賛同できない論点がいくつも含まれていたはずです。もし賛同できないのであれば、そして、よりよい形を提示できるというのであれば、ぜひ私に声をかけてください。私はイベントなり、YouTubeなり、多くの人が目にすることができる形で、やり取りする用意があります。

「善とは何か」「その善をなすためには何をすべきなのか」、反対に、「悪とは何か」「その悪を避けるためにはどうすべきなのか」といったことは、人間として生きるすべての存在者に切実に関わる問いであり、そのため、専門家が閉じた空間ではなく、不特定多数の人がアクセスできる形で、議論すべきであり、そういった営みを通じて、自らの学問的成果を広く世の中に還元すべきだと思うのです。

それが学問の発展につながり、裾野を広げることにつながり、延いては、人々がよく生きることに寄与することにつながると私は信じています。

学会や授業といった狭い世界で、秋元に対して批判的に言及して、それ以上のアクションは起こさないというのではなく（そういう研究者が存在するという話は私の耳に入ってきています）、私と同じ土俵に上がって、自らの理性を公的に使用してください。

参考文献

カントとエピクテトスの原典以外を列挙します。

● 『広辞苑』第五版、岩波書店、二〇〇五年

● Bacon, Francis: *novum organum*. In: *Works of Francis Bacon*, London 1858, pp. 150-365（邦訳）フランシス・ベーコン『ノヴム・オルガヌム』桂寿一訳、岩波文庫、一九七八年

● Bernstein, J. Richard: *Radical Evil: A Philosophical Interrogation*. Malden 2002（邦訳）リチャード・J・バーンスタイン『根源悪の系譜――カントからアーレントまで』阿部ふく子／後藤正英／齋藤直樹／菅野潤／田口茂訳、法政大学出版局、二〇〇三年

● Borowski, Ludwig Ernst/Jachmann, Reinhold Bernhard/Wasianski, Ehregott Andreas Christoph: *Immanuel Kant: sein Leben in Darst. von Zeitgenossen / d. Biographien von L. E. Borowski, R. B. Jachmann u. A. Ch. Wasianski*. (Hrsg) Gross, Felix. Berlin 1912（邦訳）ボロウスキー、ヤッハマン、ヴァジヤンスキー『カント　その人と生涯』芝烝訳、創元社、一九六七年

● Bröser, Klaudia: *Zurechnung bei Kant Zum Zusammenhang von Person und Handlung in Kants praktischer Philosophie*. Berlin/Boston 2014

● Dörflinger, Bernd: *Kant über das Böse. Kant-Lektionen. Zur Philosophie Kants und zu Aspekten ihrer Wirkungsgeschichte*. Kugelstadt, Manfred (Hrsg.). Würzburg 2008, S. 81-108

● Frankena, William K.: *Ethic*. Hoboken 1973（邦訳）ウィリアム・K・フランケナ『倫理学』杖下隆英訳、培風館、一九六七年

● Habermas, Jürgen: *Moralbewusstsein und Kommunikatives Handeln*. Frankfurt am Main 1991（邦訳）ユルゲン・ハーバマス『道徳意識とコミュニケーション行為』三島憲一／中野敏男／木前利秋訳、岩波書店、一九九一年／二〇〇〇年

● Hare Richard M. *Applications of Moral Philosophy*. London 1972（邦訳）リチャード・マーヴィン・ヘーア『倫理と現代社会――役立つ倫理を求めて』小泉仰監訳、お茶の水書房、一九八一年

● Hegel, Georg Wilhelm Friedrich: *Wissenschaft der Logik*. In: *Hegel Werke* Bd. 5. Frankfurt am Main 1969（邦訳）ゲオルグ・ヴィルヘルム・フリードリヒ・ヘーゲル「『論理学』客観的論理学：存在論（第1版、１８１２）（第10巻1）」『ヘーゲル全集』所収、知泉書館、二〇二〇年

● Höffe, Otfried: *Kants Kritik der praktischen Vernunft. Eine Philosophie der Freiheit*. München 2013（邦訳）オトフリート・ヘッフェ『自由の哲学――カントの実践理性批判』品川哲彦／竹山重光／平出喜代恵訳、法政大学出版局、二〇二〇年

● Herman, Barbara: *The Practice of Moral Judgement*, Cambridge/Massachusetts/London 1993

- Kersting, Wolfgang: *Das starke Gesetz der Schuldigkeit und das schwächere der Gültigkeit. Kant und die Pflichtenlehre des 18. Jahrhunderts*. In: *Studia Leibnitiana. Zeitschrift für Geschichte der Philosophie und der Wissenschaften*. Bd. XIV. Wiesbaden 1982, S. 184-220
- Kersting, Wolfgang: *Der kategorische Imperativ, die vollkommenen und die unvollkommenen Pflichten*. In: *Zeitschrift für philosophische Forschung*. Meisenheim am Glan 1983, S. 404-421
- Klemme, Heiner F.: *Die Freiheit der Willkür und die Herrschaft des Bösen. Kants Lehre vom radikalen Bösen zwischen Moral, Religion und Recht*. In: *Aufklärung und Interpretation, Studien zu Kants Philosophie und ihrem Umkreis*. Klemme, Heiner F. /Ludwig, Bernd/Pauen, Michael/Stark, Werner (Hrsg.). Würzburg 1999, S. 125-151
- Korsgaard, Christine M.: *Kant's Formula of Universal Law*. In: *Pacific Philosophical Quarterly*, vol. 66. 1985, pp. 24-47.（邦訳）大庭健編、古田徹也監訳「カントの普遍的法則の方式」『現代倫理学基本論文集Ⅱ 規範倫理学編①』、三～五四頁所収、勁草書房、二〇二一年、
- Hoerster, Norbert: *Kants kategorischer Imperativ als Test unserer sittlichen Pflichten*. :In *Rehabilitierung der praktischen Philosophie*. Freiburg 1974. S. 455-475
- O'Neill, Onora: *Construction of reason. Explorations of Kant's practical philosophy*. Cambridge 1989（邦訳）オノラ・オニール『理性の構成――カント実践哲学の探究』加藤泰史／網谷壮介／高畑祐人／城戸淳／宇佐美公生／高木駿／中澤武／木場智之／上野大樹／柳橋晃／津田栞里／馬渕浩

二訳、法政大学出版、二〇二〇年

● Scheler, Max: *Der Formalismus in der Ethik und die materiale Wertethik.* Bern/München 1966（邦訳）マックス・シェーラー「倫理学における形式主義と実質的価値倫理学――一つの倫理学的人格主義を基礎づけようとする試み（上）」『シェーラー著作集1』所収、吉沢伝三郎訳、白水社、一九七六年

● Scheler, Max: *Vom Verrat der Freude.* In: *Schriften zur Soziologie und Weltanschauungslehre.* Berlin/München 1963, S. 73-76（邦訳）マックス・シェーラー「喜びの裏切りについて」『シェーラー著作集9』一一六～一二一頁所収、飯島宗享、上妻精、駒井義昭、河上正秀、梅本信介、山田全紀訳、白水社、一九七七年

● Schiller, Friedrich von: *Briefwechsel.* In: *Schillers Werke* (NA) Bd. XXVI. Weimar 1992

● Schiller, Friedrich von: *Briefwechsel.* In: *Schillers Werke* (NA) Bd. XXVI. Weimar 1992（邦訳）フリートリッヒ・シラー『美学芸術論集』石原達二訳、冨山房百科文庫、一九七七年

● Schiller, Friedrich von: *Philosophische Schriften.* In: *Schillers Werke* (NA) Bd. XX. Weimar 1962

● Schopenhauer, Arthur: *Freiheit des Willens.* In: *Schopenhauer Werke* Bd. 3. Darmstadt 1968（邦訳）アルトゥール・ショーペンハウアー「意志の自由について」『ショーペンハウアー全集9』五五～一七九頁所収、前田敬作／芦津文夫／今村孝訳、白水社、一九七三年

● Weber, Max: *Politik als Beruf.* In *Gesamtausgabe,* Bd. 17. Tübingen 1992（邦訳）マックス・ヴェーバ

ー『職業としての政治』脇圭平訳、岩波文庫、一九九二年
●エピクテートス『人生談義（上）』鹿野治助訳、岩波文庫、一九五八年a
●エピクテートス『人生談義（下）』鹿野治助訳、岩波文庫、一九五八年b
●エピクテトス『人生談義（上）』國方栄二訳、岩波文庫、二〇二二年a
●エピクテトス『人生談義（下）』國方栄二訳、岩波文庫、二〇二二年b
●ひろゆき『論破力』朝日新書、二〇二一年
●中岡成文『ハーバーマス――コミュニケーション行為』講談社、一九九六年
●中島義道『悪への自由――カント倫理学の深層文法』勁草書房、二〇一一年
●児玉聡『実践・倫理学――現代の問題を考えるために』勁草書房、二〇二〇年
●加藤尚武『現代倫理学入門』講談社、一九九八年
●加藤尚武『現代人の倫理学　現在社会の倫理を考える』第10巻、丸善、二〇〇六年
●奥田太郎『倫理学という構え――応用倫理学原論』ナカニシヤ出版、二〇一二年
●宇都宮芳明『永遠平和のために』岩波文庫、二〇〇八年
●小倉貞秀『倫理学叙説』以文社、一九八五年
●小倉貞秀『カント倫理学の基礎』以文社、一九九一年
●尾田幸雄『倫理学』学陽書房、二〇〇〇年
●山本貴光／吉川浩満『その悩み、エピクテトスなら、こう言うね。――古代ローマの大賢人の

教え』筑摩書房、二〇二〇年
●嶺秀樹「カントとドイツ観念論の倫理思想」『エチカとは何か』所収、ナカニシヤ出版、一九九九年、五九～七八頁
●御子柴善之『自分で考える勇気──カント哲学入門』岩波ジュニア新書、二〇一五年
●松井秀喜『信念を貫く』新潮新書、二〇一〇年
●長友敬一『現代の倫理的問題』ナカニシヤ出版、二〇一〇年
●河野哲也『道徳を問いなおす──リベラリズムと教育のゆくえ』ちくま新書、二〇一一年
●牧野英二／大橋容一郎／中島義道編集「カントの基本思想」『カント──現代思想としての批判哲学』所収、情況出版、一九九四年、一三～四七頁
●畠山創監修『哲学者たちの思想、戦わせてみました──比べてわかる哲学事典』SBクリエイティブ、二〇二二年
●石川文康『カント 第三の思考──法廷モデルと無限判断』名古屋大学出版会、一九九六年
●石川文康『カントはこう考えた──人はなぜ「なぜ」と問うのか』ちくま学芸文庫、二〇〇九年
●秋元康隆『いまを生きるカント倫理学』集英社新書、二〇二二年
●秋元康隆『人間関係の悩みがなくなる──カントのヒント』ワニブックスPLUS新書、二〇二三年

●秋元康隆『意志の倫理学――カントに学ぶ善への勇気』月曜社、二〇二〇年
●笹澤豊『自分の頭で考える倫理――カント・ヘーゲル・ニーチェ――』ちくま新書、二〇〇〇年
●萱野稔人『カント　永遠平和のために――悪を克服する哲学』NHK出版、二〇二三年
●藤子・F・不二雄『ドラえもん』三九巻、小学館、二〇一六年
●西村欣也「『制御不能』天才は乱れず」朝日新聞、二〇〇三年七月一日朝刊
●鈴木直『輸入学問の功罪――この翻訳わかりますか?』ちくま新書、二〇〇七年
●高田純『カント実践哲学と倫理学――カント思想のアクチュアル化のために』行路社、二〇二〇年
●鹿野治助『エピクテートス――ストア哲学入門』岩波新書、二〇二一年
●Schumaker, Millard: *Sharing Without Reckoning. Imperfect Right and the Norms of Reciprocity*, Waterloo 1992. ミリャード・シューメーカー『愛と正義の構造――倫理の人間学的基盤』加藤尚武/松川俊夫訳、晃洋書房、二〇〇一年
●中山元『思考のトポス――現代哲学のアポリアから』新曜社、二〇〇六年
●細川亮一『要請としてのカント倫理学』九州大学出版会、二〇一二年

秋元康隆（あきもと・やすたか）
1978年生まれ。高校卒業後に一般企業に就職するも、同じ作業の繰り返しの日々から、生まれてきたことの意味や目的について考えるようになる。本格的に倫理学を学ぶことを決意して退職。予備校通いを経て、日本大学哲学科に入学。カント研究所の所在地であるトリア大学（Universität Trier）において、カント協会会長であるBernd Dörflinger教授のもと、博士号取得。その後も同大に残り、哲学科や日本学科で教鞭を執るなどして現在に至る。ドイツ在住。
主な著作は『意志の倫理学——カントに学ぶ善への勇気』（月曜社）、『いまを生きるカント倫理学』（集英社新書）、『人間関係の悩みがなくなる　カントのヒント』（ワニブックスPLUS新書）。

◎装画：佐野裕一
◎本文イラスト：秋元康隆
◎ブックデザイン：小川 純（オガワデザイン）

その悩《なや》み、カントだったら、こう言《い》うね。

2025年4月15日　初版
2025年7月20日　2刷

著　者　　秋元康隆
発行者　　株式会社晶文社
　　　　　東京都千代田区神田神保町1-11　〒101-0051
電　話　　03-3518-4940(代表)・4942(編集)
U R L　　https://www.shobunsha.co.jp
印刷・製本　中央精版印刷株式会社

ISBN 978-4-7949-7465-5　Printed in Japan